JN410676

언제나 타인처럼

시와사상 시인선 27

언제나 타인처럼

서화성 시집

시와사상사

시인의 말

하얀 눈이 마을을 덮어
흰 도화지처럼 되어버린 당신,
당신이 그저 당신인 줄 알았다
당신이 꽃인 줄 몰랐다
그런 당신이 엄마인 줄 몰랐다

차례

제 2 부

차례

제 3 부

제 4 부

제1부

청탁서

떠나간 님을 기다리다 지쳤다
때로는 돈도 안 된다는 시를 쓴다고
하루 일당에 밥값도 나오지 않는
이 짓거리를 나는
애인처럼 달래고 어루만진다
첫 키스와
첫 애무와
첫 여자에게 대하듯이
무슨 사명감이나 무슨 이유가 아니다
이른 봄에 눈이 온 것처럼
누가 사랑을 혁명이라 말했던가
어느 따뜻한 봄날, 보리밥에
나의 허기와
나의 피곤함과
나의 사상을 위해 햇살에 비벼서 삼킨다
청탁시가 유서처럼 느껴질 때가 있었나

랭보처럼

방금 사우나에서 나온 것처럼
이럴 때면 랭보처럼 기차게 시를 쓰고 싶다고 했다
약속이나 한 것처럼 막바지 가을에 별이 떨어진다는 건
두 번째 단추를 갖고 싶다던 그녀는
사랑만 먹고 싶다며 집시처럼 떠돌았다
새벽은 가고 또 다른 새벽이 온다며
방황과 찢어진 가슴에서 청춘은 가버렸지만
앵무새처럼 달력에서 하루가 지나갔다
노동의 힘은 무중력이다, 라는 사실
해질 무렵, 가을을 토해낸 낙엽들이 무덤처럼 잠들었다
낙엽비가 내린 새벽길에서 울어 본 적이 있었던가
손톱이 자라 살덩어리를 파먹어버린 오늘밤처럼
낙엽비를 닮아 서러운 아버지가 생각난다
연탄처럼 속이 타들어갔던
10월의 마지막 밤처럼 그녀는 한 달째 노래를 부른다
유독, 눈물이 짠 12월은 나이가 익어가는 계절이다

알약을 먹다

등장인물

아버지

어머니

아들

무대

초가집, 마당이 있으며 사립문이 반쯤 열려있다.

추운겨울, 방안

바람이 분다. 며칠째 아들은 잠을 자지 못한다. 아들을 지키는 어머니, 이틀째 자장가다. 한쪽에 우두커니 밥상이 있다. 김이 빠진 고봉밥과 식어버린 된장국, 김치가 전부다. 온통 방안이 김치냄새와 된장냄새지만 맡을 수가 없다. 그저 한숨과 눈물과 기침소리뿐,

어머니 자장자장 우리 아가,

자장가에 아들은 눈물을 흘린다. 이틀째 눈물이

다. 이틀 동안 눈이 그치지 않는다. 어느새 마당은 고봉밥처럼 눈이 쌓인다. 아버지는 어떻게 읍내로 갔는지 모른다. 이게 전부 내 탓이다, 며 어머니는 눈물을 흘린다. 아들은 갈수록 기침소리가 메마르고 갈라진다.

어머니 자장자장 우리 아가,

차츰 자장가소리가 죽어간다. 시간이 지날수록 바람이 거세진다. 어제와 다르게 어머니는 눈물만 흘린다. 정지淨地 앞까지 눈이 쌓여있다.

어머니 읍내에 간 니 아버지는 왜 안 오노
아들 ……
어머니 이러다 죽겠다
아들 엄……마……
어머니 괜찮을끼다, 좀만 참아라, 좀만

자장가를 부르다만다. 바람소리에 눈을 뜬다. 방문을 열어보지만 앞이 보이지 않는다. 괘종시계가 다섯 번 울린다. 시간의 흐름, 조명이 희미해진다.

어머니 이 영감탱이가, 아가 죽게 생겼는데

아들 난 괜찮타, 엄……마……

자전서 벨소리가 들리다만다. 그 소리에 문을 여는 어머니. 눈보라 때문에 앞이 안 보인다. 어머니는 몇 번이나 불러보지만 아버지는 소리를 듣지 못한다. 아버지는 넘어진 자전거를 세우려하지만 힘이 부친다. 달이 뜬다. 어머니는 지쳐서 그만 잠이 든 아들에게 자장가를 불러준다.

어머니 자장자장 우리 아가,

눈사람이 되어버린 아버지. 암전

지팡이

하루 종일 애인을 잃어버린 것처럼
산다는 것과 숨 쉰다는 것은 별개라는 것을
나는 그때 알았다
괜찮다는 말
심장이 아프다는 말
아무것도 아니다, 라는 말 한마디 핑계로
촛농처럼 가슴에서 굳어갔다
객석과 관객 사이처럼
허전함이 한꺼번에 사라졌던 그날,
호호 불어 겨울이 식기만 기다렸던 호빵처럼
나는 당신의 왼발이 되고 싶었다
나는 당신의 심장이 되고 싶었다
저 높은 알프스산맥을 지나
넓은 사하라사막을 지나
나는 당신의 오른발이 되고 싶었다
나는 당신의 어머니가 되고 싶었다
양떼들이 구름을 만드는 산길에서
나는 눈 먼 당신이 되고 싶었다
빗소리를 듣고 싶었다
아주 먼 훗날,

당신과 이별하는 그날,
뼈 속까지 시리도록 포옹을 하고 싶었다
비틀즈의 음악처럼
나는 당신에게 그렇게 가고 싶었다

지워진다

지워지지 말아야 할 것들이 지워진다

당신의 그림자
당신의 웃음
당신의 사진
당신의 일기
당신의 세월
당신의 노래
당신의 달력
당신의 지갑
당신의 약속
당신의 얼굴
당신의 거울
당신의 주름
당신의 고향
당신의 시집
당신의 몸짓
당신의 번호
당신의 울음
당신의 목소리

세상을 지우듯 기억처럼 지워진다
하물며 평생을 쏟아낼 눈물조차 당신인 것을
이런, 못 쓸 것들

당신과 그런 당신은

꽃다운 이팔청춘이 강산처럼 퇴색되어 버린 얼굴
마냥 소녀일거라 믿었던 그런 당신은
가슴에 낙관을 새기듯 당신에게 한 발짝 다가선다

우주보다 더한 용기로 지탱해 온 돌계단에서
체념과 고통과 그 세월 앞에서 버틴 당신이기에
그 시간과 그런 당신은
야야, 야야, 어느 것도 버릴 수 없었던 당신은

샤워를 하듯 눈부시게 쏟아졌다는 지난 날,
굴곡처럼 파인 주름에서 당신을 만났을지 모른다
세월을 비켜선 당신에게 늘 그랬듯 당신은
몇 년째 그런 당신은 그 자리에 있는데

생生을 뒤집으면 사死가 되는 것
메아리가 되어 돌아온다는 것은 잊지 못함을 확인하는 일이다
버릴 수 없기에 사발그릇처럼 반달이 되어버린 당신은
앙상해진 나이지만 그런 당신은 화살처럼 기억되고

한때 아지랑이가 피듯 이불을 덮고 있었다
다리를 만질 때면 닭똥 같은 눈꽃이 번졌다
괜찮냐는 말에 그럴 때마다 새벽을 지나 당신이
왜 우는지

이 지겹던 여름,
상여꾼처럼 내딛는 영락공원에서
그런 당신은 그렇게 나이를 먹고 있었다

꼭꼭 숨어라, 저승꽃

바람이 머물다 간 동아대학병원 622호실,
옆 사람마저 알 수 없다는 그곳에서
까맣게 뜬눈으로 보냈던 어젯밤 탓이었을까
쏟아지는 불면증은 몇 알의 수면제로 역부족이며
달빛처럼 새우잠을 자기도 했다
한동안 창밖에 이파리는 바람을 향해 움직이지
않았다
유독 이천 원짜리 뻥튀기를 한 아름 사오는 날이면
마치 세상을 다 가진 것처럼 베개 밑에 두고는
어릴 적, 뛰놀던 보릿고개를 줄넘기하듯
하나씩 아삭거리기도 했다
파도가 심하게 치는 날이면
며칠째 앞마당에 돌탑을 쌓기도 했었는데
두근 반 세근 반 했었는데
삼복더위에 눅눅해진 바람마저 추운지
두꺼운 겉옷을 돌돌 말아 이불처럼 덮는다
봄이 지나갔는지, 여름을 잊었는지 모르겠다
한동안 바스락, 바스락 소리에
그럴 때마다 새색시처럼 웃었다
문신을 새기듯 얼굴에 도장을 꾹꾹 찍기도 했으며

아리랑을 불렀던 그때 얼굴이 되기도 했다
눈물이 메말라 세상도 몰랐던 새벽에
하지만 발목까지 더는 자라지 말았으면 하는
저승꽃,
숨겨 둔 염주를 손목에 칭칭 감는다
그냥 견딜만하다는 말에
언젠가 주름진 당신을 지울까봐
오늘처럼 내일은 올 거라며 또박또박 외운다
어제와 다른 꽃망울을 터트리며
해바라기처럼 길쭉해진 기억이 달아날까봐
당신은,

꼭꼭 숨어라, 저승꽃 2

김장철만 되면 사흘 밤낮마저 모자라 끙끙 앓는다.

오십 포기 배추와 태양초와 당신이었다.

나오는 사람은 없었으며 빨갛게 부르튼 손이 전부였다.

고무장갑은 애초에 없었다.

남편 당신, 김치 맛은

아버지가 배를 탄 후, 하늘을 쳐다보는 날이 많아졌다.

그해 김장은 이전처럼 맛이 나지 않았으며 말수가 줄어들었다.

운동장 열 두 바퀴는 손바닥만큼 작았다.

가마솥을 목욕탕처럼 말한 적이 있었다.

당신 손에서 김치 냄새가 있었으며 된장찌개가 끓고 있었다.

나 엄마, 다음 주에

봄을 기다리는 매화처럼 당신은 그 말을 믿었다.
고목나무처럼 말라가는 당신 때문에 잠을 자지 못했다.

나 이렇게 누워 있으면 어떻게 하노, 얼른

당신은 그 말이 무슨 뜻이냐며 웃기만 하였다.

나 아들 이름 한 번만,

당신은 그 말이 무슨 뜻이냐며 계속 웃기만 하였다.
오래된 농담처럼,

그럼에도 불구하고

분명히 고백하고 싶어졌어
하필이면 비 오는 날,
고래를 한 뭉치 움켜진 날,
상처가 약이 되는 날,
멀리서 보면 마치 소꿉장난을 하듯
그때는 하늘과 맞닿은 이순신 동상에서
그때는 광야처럼 넓은 운동장에서
그때는 바다보다 찐한 흑판에서
그때는 그렇게 어제처럼 자랐지
간혹, 펄펄 끓는 냄비처럼 바다는
그런 날이면 뿔락이가 한 다라이었는데
그런 추억에서 상처마저
손때 묻고 단물이 빠져버린 지 오래다
어제는 새로 핀 꽃잎이 떨어졌다
그럼에도 불구하고
사랑이 끝나버린 세상은 세상이 아니라는 것을
그때는,
1992년 3월 1일 폐교되었음을
교적비가 고래등처럼 그 자리에 있었다
이제는 난장이가 되어버린
그때 그곳에서,

본전삼계탕

괘종 소리마저 닳아 너덜해진 그런 날이었다
목이 쉴 때까지 울어대던 저 놈이 뭔지
꿈자리가 뒤숭숭했는지 늘어졌던 그날,
밀린 달세처럼 좀체 걸리지 않던 감기를
때마침 홍역보다도 마마보다 너한 그날,
그런 나를 도살장에 끌고 가듯 갔다
해를 넘기고 진눈깨비가 내릴 시간인데
대기표 15번을 받고 밤이슬처럼 사라졌다
감기에는 은행만하는 것이 없다는 속설에
부적보다 더한 그런 말을 맹신했으리라
한 알 두 알 한 첩이 될 때까지
하염없이 눈물을 흘리며 그 속을 비웠으리라
그런 그날,
진물이 나도록 가렵고 푹푹 찌는 그날,
십년 같은 골방에서 어떻게 그 밤을 참아냈을까
이제 겨우 그 나이에 접어는 오늘밤,
지금처럼 목이 삽삽해 올 때
아직도 잊지 못하는 것들이 많아서일까
그날 밤이 그렇게 길게 느껴졌던 이유를 모르겠다

섬

가끔 그곳을 다녀갔지
나를 버리고 나를 찾았던 나의 무덤처럼

누군가는 숨을 쉰다고
누군가는 잠을 잔다고

당신은 밤눈이 어두운 나의 등불
당신은 천리향을 낚아 올리는 나의 만선
당신은 소리를 움직이는 나의 운명

풍어제에 대풍을 기원하며 돈 보따리에
영차, 영차
곡소리에 맞춰 젖가슴을 내민 할망 무녀

언제나 그 자리에 있는 당신은
누구란 말입니까

열려라, 참깨

시간이 빗물처럼 녹아내린 오후는
사과처럼 크게 한번 베어 물자 눈물처럼 흘렀다
알레르기 중독은 그해 여름을 대신해 보냈지만
복숭아처럼 생긴 손주가 보고 싶다던 당신은
봄이 가기 전, 평상에 앉아 꽃물처럼 기다렸다
한평생 고딱지 같은 텃밭에서 자란 그였기에
손주처럼 복숭아를 기다리며 그날을 기다렸다
어떤 날은 애기처럼 가까이 울었지만
굽어진 허리에서 사람이 그리워진다는 것은
하루가 하루처럼 내일로 다가왔음을 이야기한다
땀은 젖지 않았으며 서쪽 바람은 멈추지 않았다
그런 당신은 한 발짝 물러난 그곳에서
천둥이 빗물처럼 울었던 그밤처럼
벗겨진 손바닥에서 당신은 날이 밝도록 빌었다

보름달이 걸리다

고향이 같은 사람은 피를 모으면 같은 쪽으로 쏠린다고 했다
내 고향은 지금도 그때 매미가 울고 있을 것이며
하늘에 매단 붉은 사과처럼 심장은 뜨거울 것이며 탱탱한 보름달이 두둥실 떠다니고 있을 것이다

어느새 하얀 쌀밥이 달그락 달그락 익어가는 저녁,
끼니를 잊은 채 옆집 숙이는 하늘을 이고 해가 떨어지는 줄 몰랐다
돛을 단 고무신은 어디로 떠갔는지 몰랐다
호랑이가 담배를 피웠다는 이야기에서 어제보다 목이 길어진 이유는 무엇 때문이었을까
웃음소리가 추억을 사각사각 갉아 먹고 있었다

양치기소년 때문에, 저 멀리 은하수를 놓자 한 폭의 수채화가 되었다
순간, 별똥별이 떨어지는 내 고향에서 사라졌다
매캐한 모깃불 탓에 삼삼오오 하늘을 덮은 아이들

휭하니 페가수스 한 쌍이 날아간다
논두렁에서 자작자작 벼 익어가는 소리에
간혹, 완행버스가 덧칠하며 지나갔다

당신이 그저 당신인 줄 알았다
당신이 꽃인 줄 몰랐다
당신이 엄마인 줄 몰랐다

완벽한 상처

밤마다 수천억의 별들이 모여 산다는
어느 한 사람이 용이 되었다는 전설적인 미리내
우두커니 바람을 맞고 있었던 그때 엄마를 기다린다.
아들 같은 딸이기에 떠나버린 버스를 기다리듯
내일도 모래도
소나무처럼
어느 길목에 앉아 있을지 모르겠다.
포장마차에서
곱창집에서
그렇게, 그렇게
지나가는 사람과 차들은 말줄임표처럼 한산했으며
어둠이 스멀스멀 다가서면 엄마는 울기 시작했다.
그 엄마는 한 달 동안 그곳에서 울기 시작했다.

시간 저녁 7시 30분
흔들의자 두개와 불 커진 가로등
인물 딸과 손잡은 엄마 그리고 빈 객석

로망스가 흐르고 엄마가 등장하고 딸이 등장한다.

홈쇼핑과 나이를 모르는 철없는 엄마다.
노처녀다.
핸드백과 화장품과 그리고 엄마와 6월
그렇게 티격태격, 한마디도 놓칠 수 없던 그들이다.
딸은 노처녀다.
그 엄마는 비목을 부르며 마시던 소주잔

엄마 니가 안 온지 3주째다, 요즘 바쁘니
이 엄마가 안 보고 싶지, 무심한 내 딸아

그러다 그 딸은 대장암을 품에 안고
하나뿐인 웨딩드레스를 만든다.
죽은 딸 사진을 부여잡고 며칠째 눈물을 흘리는 엄마,
전화를 걸어도 받아줄 딸이 없기에 그냥
한쪽 구석진 자리에
불빛이 꺼진 자리에 한 날째 멍하니 서 있다.
불러도 대답 없는 내 딸,
그렇게 엄마와 딸의 긴 여행은 시작이었다. 암전

9월, 로즈마리를 품다

허브 향기에 사랑앓이 하는 9월이다
태종대를 둘러싼 꽃축제에서
너를 닮은 꽃들에게 물어 보았지
너는 아장아장 걸음마에서
그렇게 햇살을 닮아 한껏 멋을 부렸지
까치가 원을 그리며 너에게로 왔을 때
심장이 따뜻하다는 걸 알았을 거야
언젠가 꽃이 피고 열매가 아름다운 날,
쏜살같이 내리쬐는 뙤약볕에서
약속했던 그 남자를 어찌 잊겠는가
길모퉁이에 핀 이름 모를 잡초에서
사랑이 자라고 있다는 것을 어찌 모르겠는가
백발이 되고 사랑마저 시든다 해도
오늘처럼 잡은 두 손 어찌 놓겠는가
가끔은 저물녘에 기대어 앉아
저 노을처럼 약속했던 그 사랑
고드름처럼 녹지 말 것을
아랫목 장작불처럼 식지 말 것을

제2부

콘칩을 먹으며 생각한다

벌건 대낮에 봄이 사라진 이유, 등을 밀 때마다 지우개라던 당신은 어디에 있나요? 현재 사는 곳은요? 운전은 할 수 있나요? 몸서리치도록 돼지들이 우글거린 로또는 어디서 찾을까요? 주차권은요? 하루살이처럼 한 달치 용돈을 어떻게 하나요? 미래를 속집게처럼 본다던 그곳은 어디에 있을까요? 딱지가 말썽인 그놈 때문이지만 그놈은 어디에 숨었나요? 기억 속 아버지를 찾을 수 있을까요? 집나간 당신은 언제쯤 돌아올까요? 시원하게 등을 밀어줄까요? 벌써부터 배가 고파요? 나는 누군가요? 나를 찾아 주세요? 나는 어디로 사라져 버렸나요? 수면제 같은 너희들 어디로 갔니? 진달래 오오 진달래가 핀다면 봄이 온다던 그 봄은, 도대체 어디로 사라져 갔니?

당신이라는 말

라일락에서 첫사랑이 핀다는 오후, 마법의 성 같은 토요일이다. 저랑 블루스 한번 추실래요, 버들가지 한들한들 춤바람이다. 여전히 직진만 3시간째, 거북이가 기어 다닌다. 나는 더 답답해, 박지 마, 난 뒤에서 하는 게 싫어, 제발 하지 마, 싫어, 싫다니까. 나사가 풀린 사람들은 거리를 떠난다. 오랫동안 간직했던 당신을 잃어버린 것처럼 당신과 찾아 갔던 어느 변두리 2층집 팥빙수가 생각난다. 파도가 치는 날이면 간간이 자동차가 지나갔으며 육천 원짜리 팥빙수에서 그 시간은 녹았다. 석간신문 날짜가 지난 지 오래다. 노래방에서 불렀던 노래는 알 수가 없었으며 요즘 노래는 따라 부를 수가 없었다. 30km 표지판을 지나자 아이를 업은 사람들은 걸음이 달라졌다. 주말연속극이 마지막이라는데 다음 신호에서 길을 잃었다. 며칠째 베란다 화분에서 라일락이 떨어지고 노을은 거미처럼 빨랫줄에 걸려 있었다. 당신이라는 말에 봄바람은 바람난 여자라 했지만 화산처럼 녹아버린 봄은 언제 오려나, 젠장

너라는 사실에 울컥했다

장롱 깊숙이 숨겨두었던 누런 금가락지를
싸움만 하면 줄까말까 투전판처럼 흥정이다
그건 화해를 하기 위한 일종의 미끼였다
그러다 화가 풀리면, 내일 없는 내일 줄게
혼자서 용을 쓰다가 등을 밀다가
미로처럼 가려운 곳을 찾으려고 다시 흥정이다
속 시원하게 펑 뚫렸지만 그것은 미끼였다
야식은 2인분이상 주문해야 된다는 것을,
누구처럼 누구랑 피둥피둥 살찌울까
당신이 머리채 싸울 때 이유없이 방황없이
그냥 생각없이 그녀에게 돌진한 적이 있었다
저장번호가 0번이다
그냥 그래서 계산되지 않는 사이다
비올 때 우산 같은 것이다
어느 날은 눈물 같은 연고를 발라주기도 하고
섞이지 않으면 맛이 없다는 이유, 너라는 사실에
그래서 커피믹스 같은 것이다
등본에서 아래지만 언제나 주문이 먼저인 너
등짝에 핏빛이 물들어 하얀 뼈가 드러난 나
코를 푼 휴지가 눈물처럼 축축해진
너와 그리고 우리

사라졌던 아내가 돌아왔다

부치지 않은 낡은 시집에서 사라졌다
어느 날은 카푸치노를 무척이나 좋아 했었는데
철길 따라 쟁반 같은 달빛을 태우기도 했었는데
벌건 대낮, 한바탕 소나기가 퍼붓는 날이면
밤새 적었던 시가 일기장에서 꼼지락거렸다
그곳에서 키 작은 행운목이 자라고 있었고
넘기지 못했던 달력에서 그녀와 걷고 있었다
일요일에 들었던 sea of heartbreak를 듣는다
며칠 눈이라도 펑펑 쏟아졌으면
오지도 않을 우체통 옆을 시계추처럼 지나간다
여전히 부치지 못했던 엽서는
기억이 없다고 추억은 사라지지 않는다
누군가에게 보내지 않을 시를 쓴다
낙서가 되어 버린 그날 새벽은,

어느 봄날처럼, 아직도 첫눈은 녹지 않았다

이방인

난데없이 저녁밥상에 꽃밭이 날아왔다. 노란 후리지아가 있었고 잔인한 4월, 백합이 자라고 있었다. 순간, 무지개가 뜨고 갑자기 뚱아저씨가 상납했다며 당신은 뭐하는 사람이냐, 고 당신은 난리다. 어느새 꽃목은 저녁놀보다 길었으며 아파트에 핀 동백에 첫 키스를 하고 싶지 않냐, 며 입술을 다신다. 토라진 당신보다 후리지아에서 초코 머핀이 피어나고 백합에서 베이글이 자라고 있었다. 빵 냄새를 유혹하듯 꽃들이 날아든다. 밥상에 봄이 왔다고 난리데 시인이 그렇게 감성이 없나, 고 말한다. 나는 드라이한 사람이고 동백을 봐도 나는 사람이라고, 말한다. 당신은 사람이 아니고 당신은 시인이라고, 말한다. 고소한 냄새가 솔솔 풍기는 그날 밤, 메아리처럼 말한다. 나는 아니다. 아니라고 나는,

당신과 나 사이는 몇 미터인가

당신과 나 사이는 몇 미터인가
당신과 다른 오늘을 마감하는 사이처럼
밤하늘에 떠다니는 나와 당신처럼
당신과 나 사이는,

마지막 사랑과 걸었던 뚝방길에서
밤새 이별을 노래했던 골목길에서
당신이 적었던 이름이 지워진다 해도
나와 당신과 타오르는 붉은 태양이
우레와 같이 쏟아진다 해도
당신과 나 사이는,

겨울이 지나 여름이 왔다는 진리처럼
나를 죽이도록 그립던 당신과 첫날처럼
당신이 코를 비틀며 자는 그밤처럼
당신과 나 사이는,

희곡을 쓰다

채널을 맞추세요, 소리가 안 들려요, 잘 가고 있나요, 트럭이 지나가요, 지금은 어디쯤인가요, 비행기가 지나가요, 아침은 먹었나요, 잔소리가 싫어요, 전화 좀 받아요, 대출은 싫다니까요, 지금 뭐 하세요, x씨는 온대요, 어디세요, 어디냐고요, 안 온 사람 손들어 보세요, 작가는요, 대본은 나왔나요, 무슨 생각을 하고 있어요, 주인공은 누군가요, 경상도처럼 사투리 하세요, 역할이 뭔가요, 고정인가요, 조명이 밝아요, 눈 좀 뜨세요, 마이크 어디 있어요, 조용히 좀 하세요, 다시 말해 보세요, 담배 좀 피지 마세요, 그만요, 혹시 언제 하나요, 숨 좀 헐떡이지 마세요, 고개를 들어요, 제발 가만히 있어요, 제발 좀요, 시파티는 어디서 하나요, 바빠요, 돼지 갈비 어때요, 점심은 어디서 할까요, 라떼 한잔 어때요, 막걸리 어때요, 소리가 안 들려요, 비아그라 한 알 먹이요, 에든버러에 가고 싶나요, 사사, 시작해도 될까요, 제목이 뭔가요, 뭐라고요, 뭐라고요, 뚜뚜뚜

나의 하루는 18시 54분 37초다

분장실은 물감놀이가 한창이다
피아노가 한쪽 구석에 주인처럼 있었으며
마치 곰보처럼 듬성듬성했지만
안경을 벗자 거울을 잃어버린 것처럼 그렇게,
조명 따라 그녀는 걷기 시작했다
그런 날이면 찡그렸던 얼굴에서
누가 솜사탕을 뿌리고 갔는지 온통 창백했으며
삼십 촉 아래가 무색할 정도로 눈부셨다
간혹, 지난밤처럼 발자국이 흔적이 없다는 걸 알았고
그녀는 걷고 있었다
등장인물은 그녀,
어느새 도망치듯 9시는 달아났으며
나는 파란색 피아노를 치기 시작했다
차들이 지나가는 모퉁이에서 생각을 읽었고
주어진 배역과 역할이 무엇인지
시계바늘 따라 움직이고 나는 살아있다. 라고 읽었다
럭키 13번가는 올해도 내년같이 불황이겠지만
점심시간, 부지깽이는 요란했다

돼지머리가 하나 둘 고개를 갸우뚱거렸다

오방색 넥타이와 미니스커트가 오들거리며 서 있었고

오후 3시, 눈이 내렸던 지하철 18번 출구

줄지어선 발자국이 녹은 지 오래 전 일이었다

검은 무대에서 나온 그녀는, 걷고 있다. 라고 읽었다

그녀에게

서랍 속 그녀를 필름에 담는다

팔팔 끓인 찌개에서 goodbye to you가 알맞게
흐른다

입안에서 cynical하게 아삭함이 맴돈다
양손을 들어 건배를 한다
기억될 시간을 위해 초가 녹는다

검은테 안경을 쓴 그녀는 아침마다
첫 키스를 한다
마치 아편 중독자처럼
키스는 남 몰래 훔쳐 먹어야 맛있다는 것

찰나지만 다른 꿈을 꾼다, 나는
새로움이란 잘 정돈된 사진첩처럼 신선하다
이십년 전, 단발머리소녀가
간혹, 주근깨가 아름다웠다는 소녀가
간혹,
보고 싶다며 앙탈을 부리는 메시지가

메아리처럼 돌아온다

칙폭칙폭 밥 타는 냄새가 요란해진
비가 내린 어느 날,

이를테면 꿈을 꾼다고 치사

거짓말처럼 우리는 가을부터 연애를 했죠
심야뉴스를 읽는다
뚝뚝, 떨어지는 소낙비에 누워
타이머로 돌아가던 스무살 적 사진을 본다

지니야,

벚꽃동산을 보고 함박눈이 내렸다고 말한다

아름답다, 그리스마스신물처럼
철지난 사랑이지만

지니는, 여전히, 솜털처럼, 아름답다

하얀 거짓말처럼

아주 오래된 이야기지
그동안 끊었던 담배를 몰래 핀다는 건
그 맛을 잊지 못해 다시 끊는다는 건
그날처럼 나른하거나 지루한 그날이었고
그날은 인간적이거나 부끄러운 그날이었다
사람들은 방향을 잃은 나침반처럼 무작정 기다렸어
마치 피스톤처럼 올라갔다가 떨어졌다가
아니면 귀신을 보았거나 아니면 보았던지
무엇을 잊어버린 사람처럼 4층을 눌렀거나
거짓말처럼 한마디 말도 없이 1층에서 떨어졌다
순간, 꽃은 피다 말았고 갑자기 하늘은 노래졌지
아차하면 그날은 그날처럼 한 순간이구나
떨어지는 속도는 그 뭐랄까
그건 말이지, 부당하거나 혹은 잔인한 거래였고
하필이면 저승에 가지고 갈 유언을 적고 있었지
지독한 향기에 눈이 멀었고 한동안 귀가 사라졌어
엿가락처럼 늘어진 배꼽시계는
꼬르륵 꼬르륵 밥 달라고 난리가 아니었지
갑자기 담배가 맛있어졌어, 목구멍이 화끈거렸지만
갑자기 당신이 보고 싶어 미치겠더라구

그때 당신이 전화를 한 거야
제기랄, 똥 누러 보건소에 갔다는 그말에
죽을 사死 자에 갇혀 요동을 쳤던 그날처럼
잠깐 졸다가 깨어보니
그것은 흔들리며 피는 꽃이었지

나는 생각한다, 고로

집 나가면 개고생이라는 말을 생각한다
터진 포도를 먹다가 입 벌린 폭포를 보다가 생각한다
몸무게를 간신히 지탱하는 의자에서 생각한다
종지 몇 개가 전부인 돌식탁에서 토마토 두 알을 생각한다
다음날, 목숨과 맞짱 뜬 새벽을 생각한다
크로키 상태에서 돌아올 수 없는 요단강을 생각한다
세 평 남짓한 컨테이너 박스 안,
흥건해진 이불과 나와 12호 나크리를 생각한다
곰팡이가 새끼를 친 천장에서 다른 내일을 생각한다
3분 카레와 시커먼 밥과 김치 몇 조각과 축축해진 멸치
먹다 남은 소주와 따끈한 냉수
집 나가면 개고생은 진실이라고 생각한다
나방과 풍뎅이 몇 놈과 산새들을 생각한다
피다만 담배와 물에 젖은 두루마리 휴지
밤새 뒤척였던 라디오에서 아침을 생각한다

주검이 뒤바뀐 새벽처럼
맥박이 사정없이 날뛰는 이 아침을
아, 이 든든한 아침을 생각한다

심플하게 사는 법

아침부터 알람이 울리고 곡예사처럼 대본과 줄타기다. 20년째 잠을 설친 지니는 첫날부터 낯설거나 첫날처럼 아찔했다. 결혼 5년차에 그랬고 15년차에 그랬고 아침부터 그랬다. 해장에 좋다는 토마토 주스를 마신 지 오래였고 식탁에는 상추가 자라지 않았다. 방금 샤워를 하고 방금 머리를 털고 방금 거울을 본다. 빨간 넥타이가 어울릴까, 노란 넥타이가 어울릴까. 눈을 뜨고 눈을 감고 다시, 지니는 대사가 없었다. 엘리베이터는 8층에서 멈춰 있었고 반복적인 키스를 해댄다. 공포스럽고 또는 아찔하게,

문자가 왔다. 작년에 불었던 바람이 익숙해졌다고. 한동안 운명 교향곡을 들을 것이며 한동안 끌레르 대사를 읽는다고 했다. 택시를 타든지 지하철 난간에서 모노를 하고 있을지 모른다. 그러다 넘어지든지 아니면 졸든지 아니면 전화가 요란스럽든지, 모자는 어디로 날아갔으며 지니는 눈을 감은 채 걷고 있었다. 여전히 바람은 불었고 여전히 문자에 익숙했다. 6시, 8시 부르는 게 값이라는 모시조개와 갑질처럼 낙지가 울고 있었다. 순간, 식탁이 출렁이

다가 탁, 탁, 탁 새싹이 돋았다. 소리마저 운명처럼 들린다. 호되게 장대비를 맞은 것처럼 아니면,

동전 앞면은 선택이 아니었다

가끔은 이런 생각을 할 때가 있었다
당신이 알고 있었던 고백을 말하는 것처럼
그래, 그쪽으로 올라가면 된다는 말
그 말을 동아줄처럼 부여잡고 하늘길로 올라갔다
주소는 없었다
발자국은 없었다
그냥 풍차가 돌고 있다는 그 말
그것이 빗나간 약속이라는 사실을 잊은 채
갈림길이 있었고 다른 선택이 악연이었다
하나는 천국으로 가는 계단
죽은 자들이 깨어나 죽은 듯이 속삭이고 있었다
이미 엎질러진 선택이다
어둠이 엄습해오는 해거름
끝이 보이는 길목에서 길은 없었다
지푸라기는 없었다
천국의 계단은 없었다
낭떠러지 따라 등살에 밀리듯 떨어지듯 올라갔으며
쉽게 끝날 줄 모르는 것이 선택이었다
바람은 불지 않았지만 메아리가 들렸다
십년살이가 금방이다

돌부처처럼 발자국은 굳어 있었고
박씨를 물은 까치가 한동안 보이지 않았고
가끔은 이 말을 즐길 때가 있었다

詩詩한 남자

화요일에 보고**詩**고 수요일에 보고싶고
목요일에 보고싶고 금요일에 보고싶고
토요일에 보고싶고 일요일에 보고싶고
월요일에 보고싶고 수요일에 보고싶고
금요일에 보고싶고 일요일에 보고**詩**고
화요일에 보고싶고 목요일에 보고싶고
토요일에 보고싶고 월요일에 보고싶고
목요일에 보고**한**고 일요일에 보고싶고
수요일에 보고싶고 토요일에 보고싶고
수요일에 보고싶고 일요일에 보고싶고
목요일에 보고싶고 월요일에 보고싶고
토요일에 보고싶고 목요일에 보고싶고
화요일에 보고싶고 일요일에 보고싶고
토요일에 보고싶고 금요일에 보고**남**고
목요일에 보고싶고 수요일에 보고싶고
수요일처럼 보고**자**은

거절

오빠는, 너처럼 밥 먹었어
어디야, 지금 샤워중이야. 피곤해서 자야지
이번 주말은, 다음 달까지 숨 막혀 죽을 것 같아
울릉도는 언제, 지금 울릉도를 지나 독도에 있잖아
오빠야, 왜 불러. 왜, 왜, 왜
사랑해, 시금, 사랑했던 지니랑 살고 있잖아
삼겹살에 소주 한 잔, 오늘부터 다이어트 하루째야
앞으로 나를 채식주의자라고 불러줘
보고 싶은데, 나는 이혼하고 싶은데. 제발, 제발,
제발
오늘은 부재중입니다
뭐해, 지니는 요리중이야
지금은, 음, 고민 중이야

그림자 부부

나랑 왜 결혼했어, 벽에게 말한다. 한 달째 벙어리다. 말하는 법은 이미 터득했지만 기억에서 말하는 법을 잊어버렸다. 그래도 열시가 지나 내일은 오겠지만 그녀는 없었다. 밤새도록 드라마는 돌고 돌아서 우리는 대화가 필요해, 그녀는 없었다. tv속 그들은 꼬리에 꼬리를 물고 옥신각신하는데 그녀는 없었다. 말랑해진 기억조차 기억하기 싫은지 그녀는 없었다. 이름조차 기억 저 편에 있다는 것을, 그녀는 알았다. 눈길 한번 주지 않았지만 솔직히 말해봐, 나랑 왜. 비밀은 아는 사람이 많을수록 거짓이 되고 만다. 사랑하긴 하냐고, 무슨 생각을 하는지 그녀는 알았다. 아침이면 시간을 넘긴다. 쓸쓸하다며 우울증이 살아난다며 노래처럼 반복이다. 어느 밤처럼 낡은 가스등 아래서 소주를 마셨다. 새벽이 오자 별은 떨어지고 돌아가야 할 집을 잃어버렸다. 여전히 대화에서 그녀는 없었다.

제3부

남자를 빌려드립니다

사장님, 잃은 버린 남자를 찾습니다. 갑자기 수돗물이 나오지 않았어요. 해골처럼 아니 해골이 되었어요. 머리에는 수국이 자라고 있었어요. 고양이 세수도 못했어요. 어서 빨리요. 그래요, 방금 오아시스에 도착할 겁니다. 변기가 변비에 걸렸어요. 소통이 안 되고 있어요. 소통이 필요해요. 여기서 서울은요, 안방처럼 드나드는 세상인 걸요. 탱탱해진 뱃살에 어서요, 어서. 당신의 내장도 말끔하게 리모델링해 드립니다. 부부싸움도 두부 자르듯 뒤끝 없이 도배해 드립니다. 동짓날, 에어컨도 빵빵하게 냉각시키는 것은 기본이구요. 어디선가 무슨 일이 생기면 짜짜짜짜짜짱가, 당신의 짱가입니다. 밤마다 뿔뚝 서는 이런 남자 어디 없나요. 밤이면 다 되는 제발, 이런 남자처럼 어디 없나요. 딸꾹, 전국 어디서나 이런 광고에 속지 마세요. 가입신청은 1588-1080, 1079. befor and after, befor and after, befor and after

양치질을 하고 난 뒤,

한동안 나를 괴롭혔던 기억에서, 그 기억은 사라졌다
첫눈이 내렸다는 평화치과에서, 그 기억은 사라졌다
지글지글 노릇노릇한 삼겹살에서, 그 기억은 사라졌다
꿈꾸는 거인이 산다는 미로한의원에서, 그 기억은 사라졌다
낚시꾼처럼 세상을 그린 무지개에서, 그 기억은 사라졌다
마지막 세일이라는 모닝커피에서, 그 기억은 사라졌다
불타는 금요일처럼 대송리 간절곶에서, 그 기억은 사라졌다
밤새 적었던 이력서에서, 그 기억은 사라졌다
사형수목줄처럼 지하철 손잡이에서, 그 기억은 사라졌다
어느새 자라버린 머리카락에서, 그 기억은 사라졌다
어제처럼 지워버린 달력에서, 그 기억은 사라졌다

속살을 드러낸 첫 시집에서, 그 기억은 사라졌다
18세 첫사랑에서, 그 기억은 사라졌다
자자, 사라진 기억은 다시 돌아오지 않는다며
밤새 속을 비우듯 양치질을 한다
동상에 걸린 이가 시리듯이 속을 왈칵, 토해버렸다

희망 부동산

벚꽃 한 두 송이 피웠다고 봄은 오지 않는다
사람 일이란 참 이상도 하지,
물러 터진 귤처럼 반쯤 속살이 보이는 그곳은
희망이라기보다 해돋이처럼 절망이 먼저다
알맞게 벗겨져 한 입에 쏙 들어가도록
먹기 좋게 생긴 땅이 천지사방에 있다며
고객님, 고객님, 기상나팔처럼 찾는다
이제는 더 이상 물러설 때가 없다던
25톤 크레인 농성자는 껍질처럼 말라가는데
그에게 단식이 주식이 되어버린 하루, 이틀
가뭄에 쩍쩍 갈라진 지갑은
풀 죽은 배추 한 포기에 상다리는 휘청거리고
포기할 수 없다던 어느 봄볕에
납작해진 가슴은 풍선처럼 부풀어 있지만
벚꽃처럼 봄은 어디서부터 올지 모른다
유통기한이 없는 희망이라는 단어,
비타민을 한꺼번에 털어먹으면 숨바꼭질을 하듯
숨은 근육들이 불쑥 나타날까,
막내 녀석은 화장실 문턱이 닳도록 들락거린다
하루살이에 걸맞게 하루를 지탱했지만

그곳을 지나칠 때마다
까치는 절규하듯 세 번을 울고 간다
언제쯤 지겨운 봄이 오려나,
반쯤 잘린 어깨에서 해가 술래처럼 숨는다

전봇대 아래서

밤마다 꽃다방은 열지 않았다. 약속을 한 적이 없었고 그 자리에 있었고 뼈가 녹는 줄 몰랐다. 밤마다 아야, 아야, 연애는 도둑고양이처럼 해야 제 맛인 것을. 아주 살금살금, 아주 상큼하게, 등신불처럼 그들을 태운다. 길을 잃거나 폭설이 내린 날에는 집나간 애인이 되기도 한다. 밤마다 그는 할렐루야, 할렐루야를 외친다. 술에 취했다면 꽃에 맞은 것처럼 다른 횡재가 어디 있겠는가. 밤마다 매미소리를 들었던 대청마루에서 나오고 꽃다방 불빛에서 그는 이야기를 좋아한다. 태워야만 산다는 진리, 저기 뒷골목 어디선가 낯선 발소리가 들린다. 밤마다 천근 같은 눈꺼풀 사이로 달이 녹는다. 이름이 파도에 쓸려가듯 재가 되어버린 대낮, 그를 알아보는 사람은 없었다. 속절없이 정전이 된 대낮이다.

구둣방 박씨

때 하루 또는 이틀 저녁

곳 연산 고분로 산 157번지

인물 구둣방 박씨와 태극기와 열두시 그리고 병실

헉헉대는 병실에서 열흘째 혼자다.
바람이 손님처럼 들어온다. 그마저도,
10원을 거리에 버렸다. 아무도 돌아보는 사람이 없다.
구둣방 박씨는 땅거미처럼 일찍 찾아온다.
그림자처럼 등가죽이 말라있었다.

박씨 아직 해가 떨어질 시간이 멀었는데

한동안 태극기가 바람에 견딘다는 말에
벌써 저녁이 오려나, 오늘은 구두 몇 짝이 전부다.

박씨 가던 세월은 저만치 잡히지 않는데

산사람은 어떻게든 살게 마련이라는 말에

빗물이 되어버린 하루를 그곳에서 이틀째다.
다섯시, 여섯시, 열두시
개미처럼 천장을 타고 있으며 간혹, 바람이 분다.
아침뉴스에서 축구공 같은 우박이 떨어진다고 했다.
밥투정을 하듯 거리는 온통 낙엽투성이다.
숭숭 뚫린 천막에서 먹이를 기다리는 악어새처럼 하루, 이틀
어느새 퇴근하는 발걸음이 초침보다 분주하다.

박씨 바람은 사라지는 속도와 방향을 모르지

한나절 더위에 깜박거렸던 신호등,
69번 버스정류장에 울리는 종소리에서
10년 전 그때처럼, 박씨는 의자에 앉아 있었다.
어느새 가로등은 새 옷을 입는다.
시커먼 도화지가 온통 하얗게 변해버린 그곳,
도시의 거리, 담배를 피운다.
장마처럼 비가 내리기 시작했다.
뜬눈으로 보냈던 어느 고갯길 여름밤을 지나

연기가 되어버린 박씨,

박씨 평생을 두고 참는 게 있다는데

중앙동에서

새들처럼 모여 얼굴을 맞대고
바람 부는 날이면 바람처럼 사라진다
눈부시거나 아닌 날은 잡상인 출입 금지다
한집 건너 그 집은 외부인 절대 사절이며
결론이 많을수록 고함소리는 요란했다
살인적인 학습에도 불구하고
유혹은 달달하고 때로는 코카인 같은 것
어느새 당신은 지옥으로 가고 있었다
장렬하게 피똥을 싼 날은
소 한 마리 몰고 간다는 불백 정식이다
배보다 배꼽이 크다며 블랙커피를 원샷이다
책을 읽지 않으면 시를 쓰지 못한다는
계속되는 비논리 앞에서 시를 읽는다
여전히 감성 아래 이성이 존재하므로
모두가 파란 우산과 초록색 장화를 들고 다닌다
해가 떨어지자 바람이 멈춘다
터널 속 25층에서 선물세트가 쏟아진다
키가 큰 빼빼로아저씨다
뚱뚱한 호빵아줌마다
속이 시원한 쭈쭈바아가씨다

쓰나미처럼 무허가 공터가 되어버린 곳
오늘은 차가운 사랑을 원해,
중앙동이다

파도

내 여자로 하기에 너무나 무섭다

멀리서 보면
이팔청춘인 것을
숫처녀의 알몸인 것을
가까이 다가가면 기겁을 한다
시퍼런 칼날로 몸뚱이를 갈기갈기 찢는다
천년 묵은 이무기처럼 불쑥,
고개를 내밀 것 같은
오뉴월에 서릿발 세울 것 같은

피투성이가 된 몸은
야금야금 육지로 기어오른다

금연

아침에 읽었던 문장을 생각하다가
가끔은 뜨거운 우동에 어제처럼 속을 비우고
유난히 바이올린 연주에 심취했던 미아리카페에서
사랑했었어, 뼛속까지 사랑했었지
술에 취한 새벽은 그다지 아름답지 않았으며
잃어버린 애인이 보내준 엽서를 찾는다
내일은 폭우가 다시 내릴 거라며
p양에게 전화를 했다
삼류적 시집은
먼지가 되어 차곡차곡 쌓여져 가는데
불 꺼진 방처럼 나의 머리는 비어있었다
청소기는 전기가 나가기 전 이미 고장이었고
연극은 부조리다워야 맛이라는데
요즘 시는 읽을수록 식성에 맞지 않는다며
그래서 가끔은 배가 아프기 시작했다
그런 애인은 속이 답답하다며 소주를 마신다
이미 내일은 사라졌으며
우체부는 내일의 엽서를 반송시키고
내일의 비가 내리기 시작했다

부전시장에 가다

날씨 탓일까, 비가 오거나 날이 뜨거워지거나
어둠이 밀물처럼 찾아올 때
나는 부랑자처럼 신문지를 깔고 싶었다
유독 파김치에 절인 땀내가 좋아서일까
슬리퍼를 끌고 가든지, 반바지를 입고 가든지
도시를 탈출한 태양보다 생生은 남루하지 않았으며
제철에 어울리는 플래카드는 용사처럼 늠름했다
때로는 스피커소리에 가을보리처럼 고개를 숙이고
언제부터 콩나물 대가리조차 남의 산이 된 세상에
내 고향 땅 끝에서 캐왔다는 벌레 먹인 것들을
저기, 여기, 그 뭐랄까, 남자 거기에 좋다는데
밭 한 마지기에 정구지가 한단에 천원, 천원
청양고추 한 소쿠리가 꿀 발린 고구마를 천원에 꿀꺽,
산지 직송한 옥수수 하나 더해 세 개가 천원을 토한다
걸쭉해진 막걸리 몇 잔에 사랑가를 사랑하듯 타령이다
도떼기시장처럼 불이 붙은 영자 이모네집
야야, 맛있재, 맛있재, 대답 좀 해봐라, 그렇재

자기도 아닌 것이 이모처럼 거기를 보며 손뼉을 친다
금방 구운 탱초찌짐은 이산가족처럼 눈물을 삼키고
천원상회, 여기 저기 천원, 천원, 테이프처럼 돌다가
이디신가 어깨가 앞서거나 해도 그뿐이다
솔방울처럼 별들이 대롱대롱 걸린 저녁,
한쪽 모퉁이에서 꾸깃해진 천 원짜리를 다림질하듯
사랑가를 부르다만 그곳, 부전

언제나 타인처럼

달이 지거나 달이 뜨거나 언제나 그랬다
언제나 참았던 숨을 세상 밖에서 호흡했지만
참는다는 것과 적당히 휘파람을 연장하는 것은
세상과 한판 붙는 실오라기 같은 신호였다
그들은 도무지 썰물처럼 물러서지 않았다
한때는 사상가가 그랬고 거리 노동자가 그랬으며
그 시간은 목숨과 세상이 암거래하는 것이었다
제목을 채우는데 몇 분이 걸리지 않았다
빈속에 마신 소주는 자살행위라며
장편소설이나 연속극에서 새벽은 오지 않았다
오늘은 골목마다 happy birthday을 찾아다녔다
몇 번의 칼질로 뚝딱,
그들이 잡아 올린 싱싱한 고객은 술에 취하지 않았다
시를 짓는다는 것은 생명을 단축하는 일
사형수의 한숨보다 길게 들숨을 내쉬며 호흡해야 한다
가뭄이 길어질수록 불어터진 뱃살처럼
등짝이 갈라지고 딱딱해지고 진물이 나고
모래알처럼 만난 연인이지만

순간을 놓칠세라 찰칵, 바다를 한눈에 담았다
여우비마저 그리워지는 섬과 그리고 등대
달이 지면
해녀들이 참았던 고개를 파도에 떠밀어낸다

홈쇼핑을 요리하다

아침식사는 사과 반쪽과 생수 반 컵과 반 토막 바나나다
8시 35분, 마감을 알리는 3, 2, 1 종소리에 대박 찬스란다

오늘 점심은 워킹머신을 타고 식성과 식감이 다른 메뉴에서
다이어트를 시작한 8시 35분, 바나나가 목에 걸렸으며
단돈 만원이면 며칠 상다리가 초승달처럼 휘어졌던

보글보글 끓는 물에 식성 한 스푼과 식감 한 덩어리를 풀어
다진 마늘과 비계와 쏭쏭 썬은 고추를 넣어 간을 본다

적당히 살이 오른 가슴살은 요염하게 지글거리고 손님을 부른다
다리 하나를 쭉 뜯어 한 입 먹으면 목젖에서 군침을 삼키고

이번 주 내내 비만 내릴 거라는데
그럼, 일주일 내내 바나나와 비와 그리고 8시 35분

지금, 이때다 비로 집어넣어. 그래야 제 맛이지
따뜻한 봄날, 한껏 봄볕을 실은 동물보호단체가
비를 피한다
쌔근쌔근 죽음을 향한 소리가 자장가처럼 들린다
코를 찌르는 사람냄새가 우글거린다
비릿한 한나절에 비릿한 소금내가 진동을 한다
그 소리가 상여가처럼

모락모락한 밥을 한 숟가락에 한 입에 쏙,
기름을 뺀 양들이 우글거리는 찜질방에서 요리를
한다
닭다리 집고 삐익삐악, 가슴을 쑥 씻어 한 입에
쏙,
눈물을 쏙 뺀다는 그 맛
자자, 이제부터 파티를 시작하자구

든가, 든가, 적이

긴장하면 없었던 버릇이 생긴다. 매일처럼 스티커를 받는다든가, 연극이 끝난 후 도착한다든가, 그렇게 일기예보를 믿는다든가, 소설을 가장한 시인을 만난다든가, 몰랐던 나이와 얼굴이 다르다든가, 결혼을 밥 먹듯 반복한다든가, 한때는 섹스와 센스의 차이를 고민한 적이 있었다. 한때는 속이 아프거나 기절한 적이 있었다. 한때는 토할 정도로 시집을 먹은 적이 있었고 그럴 때는 정신을 잃고 잔 적이 있었다.

긴장하면 없었던 버릇이 생긴다. 삼삼은 육을 날린다든가, 잠꼬대를 꾸벅꾸벅한다든가, 다시 잃어버린 우산이 된다든가, 여자처럼 남자를 기억한다든가, 남자처럼 여자를 질투한다든가, 이혼을 식은 죽 먹듯 반복한다든가, 한때는 여자와 다른 남자를 사랑한 적이 있었다. 한때는 눈물을 흘리거나 케이크를 먹은 적이 있었다. 한때는 목이 빠질 정도로 노래를 부른 적이 있었고

3시, 펑펑 울다가 펑펑 웃다가 미친 듯이 시를 쓴 적이 있었다.

생방송, 사람을 찾습니다

비가 양철지붕에 밤손님처럼 타박타박 떨어졌다
그 발자국이 누구의 것인지 알 수가 없었다
핸드폰에서 부재중 비밀번호가 통째로 날아갔다
까까머리 고등학교 시절,
그때는 줄기차게 모짜르트 빵집에서
가끔 보고 싶을 때 이런 생각을 할 때가 있었다
그런 소녀에게 고백을 받았고 그런 자전거를 탔으며
그렇게 계절이 두 번 바뀔 때 그녀가 내게로 왔다
새벽이 새도록 걸었으며
달빛이 사라지기를 기다렸다
모나지 않는 편지에서 얼굴은 자라고 있었고
어떻게 변했는지 그녀의 미소가 자라고 있었다
문득이라는 말처럼 풀을 베던 언덕이 나타났으며
커다란 사과나무가 작아져 있었다
새까맣게 탄 얼굴에서 소보로 냄새가 있었다
빵집에서 만났던 소녀는 그녀가 되어 있었다
사랑이 끝난 것처럼
세상이 끝난 것처럼

시를 더듬다

1.
풀에 누운 수영을 깨운다
떨어진 눈은 살아 있으며 눈 위에 썩은 가래를 뿌린다
밤새도록 마른 기침을 하고 밤새도록 울기도 하고
풀이 눕는다
눕다가 다시 눕다가 다시 일어났다가
바람보다 더 빨리 눕고 더 빨리 소리쳐도
바람보다 먼저 일어나 늦게 누워도
수영은 바람보다 풀보다 먼저 웃는다

2.
빈집에 살던 형도를 부른다
사랑을 잃고 나는,
장님처럼 밤으로부터 짧았던 밤들에게 쓴다
겨울안개에게
길을 잃어 더듬거리는 촛불이여, 흰 종이여, 열망들이여
잘 있거라, 내 사랑에게
가엾은 내 스물아홉에게 이별을 사랑처럼 속삭인다

3.
나타샤를 사랑했던 백석을 찾는다
아름다운 나타샤를 사랑했기에
눈이 푹푹 나린 오늘밤,
쓸쓸히 소주燒酒를 마시다가 쓸쓸히 걷다가 쓸쓸히
흰 당나귀 타고 산골로 떠나버린 나는
눈은 푹푹 나리고 오두막집에서 살자던 나는
흰 당나귀 타고 오늘밤, 나타샤를 사랑했으니

4.
가을 속으로 떠나버린 인환을 듣는다
목마는 주인을 버리고 술병에서 별이 부서진다
문학이 죽고 인생이 죽었지만
목마를 탄 사람은 보이지 않는다
이제 우리는 이별할 시간이 되었는가
우리는 목마소리와 버어지니아 울프의 이야기를 들어야 한다
인생은 외롭다거나

때로는 잡지의 표지처럼 통속하거늘

그다지 우울하거나 그다지 행복하지 않을 때
그렇다고 불행하지 않을 때
춘수를 깨우고 만해를 깨우고

쓸쓸한 계절은 항상 경마장에 있었다

경마장을 나서는 얼굴은 땡빛을 달고 말은 달리고 있었다. 그렇게 그을린 얼굴을 본 적이 없었다. 말 달리던 얼굴에서 말은 달리고 있었다. 한방 맞은 얼굴이다. 깡마른 지갑은 찬바람과 비례하며 말은 달리고 있었다. 등수에 밀린 기수처럼 말은 달리고 있었다. 오리무중이다. 삼통일반 막걸리는 우승마처럼 말은 달리고 있었다. 초반부터 속을 비어낸다. 삼천 원짜리 순댓국에 빗물이 떨어지고 말은 달리고 있었다. 무게를 견디지 못했으리라. 천둥처럼 울었으며 말은 달리고 있었다. 때로는 짜다는 것을, 말은 달리고 있었다. 달려, 달려, 사는 게 매워야 하지 않겠어. 여기요, 말은 달리고 있었다. 한 병 더, 달려라 달려. 말은 달리고 있었다. 모이를 기다리는 새처럼 말은 달리고 있었다. 아들 녀석이 방긋 웃는다. 운수좋은 날처럼 마이너행 박찬호선수가 재기에 성공했다는 신문에서 말은 달리고 있었다. 십년째 넣고 다닌다. 갈지자로 지하철 몇 번 출구인지 몰라도 말은 달리고 있었다. 무슨 그날을 위해 채찍질하듯 말은 달리고 있었다. 한방짜리, 말은 달리고 있었다. 말은 달리고 있었다.

말의 유혹

말은 맛있다
맛있는 건 질투다
아니다, 질투는 잘못하면 거미줄처럼 꼬인다
말은 혀다
말은 설탕처럼 녹는다
아니다, 말은 독버섯처럼 달콤하다
달콤한 건 파랗다
파란 것은 빠르고 물리면 바로 즉사다
아니다, 말은 때때로 그 맛에 중독이다
말은 고독이다
말은 씹으면 씹을수록 단물이다
아니다, 말은 혼자놀기에 적당하다
말은 빨간색이며 때로는 노랗다
아니다, 우연히 만나면 검은색으로 변한다
말은 날씨다
아니다, 흐린 날일수록 무지개가 뜬다
아니다, 말은 말장난이다
말은 강물이다
말이 넘치면 폭발하기 쉽다
아니다, 마시기에 적당하다

말은 지우개다. 아니다,
그래서 말은

말은 태양
말은 미소
말은 구름

제4부

내 귀를 후벼 파는 여자

첫 시집에서 없고 마지막 시집에서 없던 여자
밤새 방바닥을 죽어라 긁는 여자
익숙함이 익숙함을 밀어낼 때까지 키스를 강요하는 여자
기억이 딱딱해질 때까지 기억을 까먹는 여자
딱딱해진 기억을 사탕처럼 빠는 여자
아침이면 떠나자고 하는 황무지 같은 여자
속이 답답하다며 목이 자란 기린처럼 낙타를 닮은 여자
초대 받지 않은 거리를 싸돌아다니는 여자
목련 꽃을 그리는 여자
한동안 애인이었던 여자
그런 여자
약간은 작은 키에 약간은 애교를 싫어하는 여자
눈이 펑펑 쏟아지는 시월 같은 여자
술을 마시다가 노래를 부르다가 바람처럼 춤을 추는 여자
취중진담이 거짓인 여자
구구를 입고 다이어트에 목숨 건 여자
루비똥을 자랑질하며 미쳐가는 여자
하고 많은 여자 중에 그런 여자

h

h는 무대에서 종이비행기를 날린다
h는 의자에 앉아서 h라는 시를 읽는다
h는 허무주의자이며 공상주의자다
h는 낮과 밤이 다른 이중적인 여자다
h는 종이비행기를 타고 두 번째 사랑을 한다
h는 바람기가 다분한 여자다
h는 겉으로는 순진하다가 발광을 좋아한다
h는 술살이 부풀어 간이 배밖에 나온 여자다
h는 밤마다 새소리를 내며 앙탈하는 여자다
h는 사랑이 끝나면 국수를 말아 먹는 여자다
h는 그러다가 여배우처럼 눈물을 흘린다
h는 웃음이 반전인 매력적인 여자다
h는 하지만 대칭보다 대조를 좋아하는 여자다
h는 다시 말해 큰방에서 독신을 고집하는 여자다
h는 속살이 매력적이며 밤마다 국수를 좋아한다
h는 부침개보다 찌짐이 어울리는 여자다
h는 국수보다 성감대가 발달한 남자다
그래서 나는 h라고 부른다

그 아이는 노래를 부르다 말았다

국적불명다운 나이에 혹 떼러 갔다가 하모니카를 구입했어
내가 다녔던 어촌학교는
음악시간에 학교종이 땡땡땡이 최고의 인기였지
단짝인 그 아이는 한글을 읽지 못했지만 악보는 척척이었지
어느 날은 고기잡이 아버지를 따라 바다에 갔다가 길을 잃은 적도 있었지만
우리 반 아이들은 그 아이를 찾지 않았어
그날도 여느 때처럼 음악시간은 돌아왔지만 그 아이는 오지 않았어

한여름 밤이면 바다는 노래에 맞춰 은빛물결로 출렁였어
내가 다녔던 어촌학교는
바다에 퐁당퐁당 수영을 할 때가 사계절 중에 유일한 하루였지
해가 풍선껌처럼 터질 듯이 저물 때는 아침부터 그 아이는 이방인처럼 노래를 불렀어
사실은 누구도 그 아이 아버지를 알거나 본 아이

는 없었다며 그를 찾지 않았어

동네 할머니들 사이에서 여지껏 그를 만난 사람은 아무도 없었어

간혹, 꿈속에서 봤다는 사람은 있었지만 그의 얼굴을 그리는 사람은 없었지

그때도 여느 때처럼 학교종이 땡땡땡이 울리고 있었어

지금 생각해보면

그때 불렀던 그 학교종이 땡땡땡이 그때만큼 신나지가 않았어

몽유병에 걸렸다는 소문도 있었고 웃음소리가 이상하다는 사람도 있었지

바람이라는 사람이 있었고 떠돌이 구름이라는 사람도 있었어

누구는 삶이 풍요로울 때가 빈곤의 극치라고 하지

기억을 오래한다는 것은 한 사람을 무지 그리워해서 아니라 그 사람을 잊기 위한 노력일 뿐이지

나도 마찬가지일거야

그때처럼 그날처럼 음악시간이 돌아온다면 그 아이가 보고 싶어지겠지

사라진 하모니카는 어디서 찾지
그 학교종이 땡땡땡을 어디서 찾지
그 아이는 지금 어디서 노래를 부르고 있을까

뜬금없이

유독 해무가 잘 어울린다는 우두포 선착장 어귀,
단골 술집이라며
k씨와 데면데면하게 몇 번의 술잔을 주고받았으며
몇 번의 지루했던 침묵과 몇 번의 대화와
몇 번의 눈웃음으로 가재미탕에서 숟가락이 오고 갔다
얼큰하게 낮술에 취해버린 스무 해 그믐날처럼
자살을 연신 부르짖으면 살자로 바뀐다는 것
홍시처럼 볼살이 달아오른 두 사람은
구렁이 담 넘어가듯 나이를 한 살 더 먹었다
나이를 못 속인다는 나이에 접어들었을 때
술집에 어울릴만한 단어를 쓰자고 약속했다
k씨는 아마 소설을 쓰는 사람이었다
k씨는 시를 쓴 적이 있었다고 했다
그래서인지 술 한잔하면 구구단을 외듯
엘리엇의 황무지를 줄줄 외우기도 했었다
k씨는 생일선물이라며 소설책을 준 적이 있었지
몇 밤을 걸쳐 읽었지만 이해할 수 없는 사건들 연속이었다
어느 날, 새벽 두시에 k씨한테서 전화가 왔다

뜬금없이 소설에 관한 넋두리를 몇 시간째 하고 있었어
아침이 왔지만 k씨는 여전히 같은 말
같은 숨소리로 통화를 했었지
k씨는 가재미탕이 먹고 싶다고 했다
k씨는 입에서 단내가 나도록 이야기하고 싶다고 했다
단골 술집이라며
그때처럼 몇 번의 술잔을 주고받았으며
몇 번의 지루했던 침묵과 몇 번의 대화가 오고갔다
k씨는 성격이 내성적이라고 했다
그때처럼 가재미탕에서 숟가락이 오고갔다
k는 말이 없었으며 할 말이 없다고 했다

손수레

어디서부터 어둠을 끌고 왔는지 모르겠다
가장 낮은 자세에서 사물과 함께 바라본다는 것
산언저리에 걸린 해는 쉽게 넘을 생각이 없었다
한때는 시침보다 느리게 늙고 싶었는데
철부지 그 꿈은 어제 꾸었던 꿈이 되어 버렸다
타인이라는 대신 타인처럼 말이 어울린다는 것은
가을걷이를 끝낸 허수아비에서
처진 어깨는 노을처럼 타들어 있었다
남은 뼈에 무게를 지탱하는 삶은
무겁게 한숨을 들이마시며 한 발짝 걸어갔다
전봇대를 피해서
달동네 어귀에서 어둠을 끌고 있었다
어깨통증이 계절마다 다르게 변해 가는데
한 달째 일요일이면
속옷마저 허름해진 잠바에 키보다 긴 노을을 끌고
땡볕이 머물다 사라진 길을 비 오듯 끌고 있었다
하루란 아마도 수술대에 오르는 기분이었다며
등지고 간 세월에서 나이를 잊었지만
손자 녀석 하나쯤 군대에 있을 법한 그런 날이었다

굿모닝, 굿모닝

굿모닝, 305호 8인실, 굿모닝
재방송처럼 아침이 없는 굿모닝이다
아침 배달이요, 굿모닝이다
백일 같은 굿모닝, 굿모닝이다
시들어가는 화조처럼 병실은 굿모닝
서른 바늘을 보상이라도 하듯 굿모닝이다
우거진 정글처럼 수염이 굿모닝이다
붕대를 감은 발걸음이 굿모닝이다
교보생명에 해지했던 사망보험이 굿모닝
12평 반지하 아파트가 굿모닝이다
은행잔고가 제로인 굿모닝이다
따르릉, 따르릉, 따르릉, 환자 받아요
굿모닝, 굿모닝, 굿모닝, 손님 받아요
매일같이 장날 같은 굿모닝이다
상처가 나이를 알아보는 굿모닝이다
전화번호가 생각나지 않는 굿모닝
눈만 뜨면 앵무새처럼 굿모닝이다
사랑할 수 있는 시간이 필요하다며
굿모닝, 굿모닝이다

동해

한동안 우울했으며 한동안 기억에서 없었다
그곳은 바다가 아니었고 그곳은 그녀가 아니었다
그곳은 우울했으며 한동안 바다가 아니었다
애인처럼 느닷없이 찾아오면 어떻게 하지,
가끔은 그런 날이 그리울 때가 있었다
한동안 그곳에서 우울해지면
젖은 걸레를 짜듯 펑펑 울고 싶을 때가 있었다
한동안 그녀가 보고 싶었고 그곳은 그녀와 자고 싶었다
그곳은 바다가 보고 싶었고 한동안 사랑을 하고 싶었다
우울해지면 그녀는 타인처럼 등 뒤에 있었다
사랑한다는 말, 이보다 더 잔인한 고백이 어디 있겠는가
마지막 술잔처럼 한동안 그곳에 있었다
한동안 그곳이 그리울 때가 있었다
그곳에 가면 한동안 우울했으며 한동안 울지 않았다
한동안 약속이 없었으며 그곳은 그녀가 아니었다
그냥 수심이 슬픔만큼 차올랐을까

어릴 적 아비 손에 이끌려 눈 먼 낙지를 잡던 그
날처럼
한동안 가을우체국에 가고 싶었다

돈의 노예

건전지를 갈고 시한부처럼 몸무게를 달았다
소원을 들어준다던 요술램프에서 고기 한 덩이가 떨어졌다
그것은 누구의 허락이나 출생신고가 없이 말이다
며칠째 배가 꺼진 초승달과
며칠째 다락방과 싸웠던 몸무게에서
요즘 같은 불경기에 하늘을 본다는 것이 이 난리다
아니면 사막에서 찾던 다이어트에 성공했다든가,
아니면 자글자글 익어가는 수박처럼 불꽃이 핀다든가,
싸고 그리고 맛있다는 그 집 앞에서 신호는 빨갛게 멈춘다
물거품이다. 순간, 지갑과 몸무게는 바람처럼 빠졌다
오백 원짜리 단팥빵과 보리차와 즐거웠던 한때를,
밥상에 강된장을 풀고 몸무게를 달고 지니를 부른다
한때는 인연이라던 그것은 손톱만큼 진동이 없었다
입추가 지난 지 오래다

섭씨 30도에 집나간 며느리처럼 몸무게를 달았으며

여전히 지니는 없었고 여전히 그 집 앞을 지나가고 있었다

문제투성이처럼 반쪽이 되어버린 나,

내 반쪽을 찾는다면 그 집 앞에서 찾을 수 있을까,

여름의 나이

팔월 초순이면 벼락치기에 알맞은 계절이다
벼락을 동반한 슬레이트 지붕은 민낯을 드러내고야 말았다
나는 수직하는 빗소리에 몇 번이나 단잠을 깨고 잠들었는지
그날 밤, 세숫대야는 몇 번이나 속을 비어냈는지 모른다
걸레질에 지친 당신은 독이 차올라 폭발할 쯤
속옷들은 언제까지 헹굼을 반복했는지 알 수가 없었다
그런 당신은 손바닥이 닳도록 부채질을 했다
그런 당신은 집이 무너질 듯이 고래고래 노래를 불렀으며
독이 오를 때마다 습관처럼 하는 버릇이었다
집나간 나는 어디로 가야 할지 모른다고 말했다
사흘 동안 300원짜리 자판기 커피를 찾고 소설책을 읽거나
때로는 탐정처럼 거리의 사람들을 염탐하거나
때로는 낮잠을 자다가 시계를 보거나
퍼즐처럼 수요일이 없는 하루였으면 좋겠다, 고

말했다

당신은 엄마가 생각나는 계절과 어울린다, 고 말했다

방바닥은 개다만 옷들이 눈덩이처럼 쌓여 있는데

여전히 팔월의 밤은, 지옥과 천당 사이에 잡힐 듯이 있지만

한바탕 씨발, 쌍욕이라도 퍼붓고 싶은 그런 밤이다

자갈치에서

지하철 1호선 자갈치역은 연중세일이다
수제화 롱부츠에 캐주얼 남방이며
작년처럼 점포정리에 업종변경이다
코끝을 찌르는 돼지국밥에
국산을 둔갑한 신출귀몰한 모두가 국산이란다
갈매기는 사람의 탈을 쓰고 진을 친 지 오래다
영도다리 아래로
배부른 통통배는 파도에 통, 통, 통
주인 잃은 생선들은 바람 따라 눈알을 돌린다
자, 갈치 사이소. 자, 갈치
어여, 여기 와서 쐬주 한잔하고 가이소
시뻘건 연탄불에서 꼼장어는 신나게 주리를 튼다
자, 갈 때까지 취해 보자고
오늘밤은 자갈치가 아니고 자갈취재
이게, 방금 잡은 놈이라
아이구, 이놈 보이소, 힘이 넘치는 거 좀 보이소
찰떡처럼 달라붙어 흥정이다
이놈 눈깔을 봐, 새빨갛게 살아있잖아
세월 앞에선 천하장사도 필요없다아이가
세월아

세월아
네 이놈, 세월아
낮술에 취했는지 자갈치 아지매는 주절대다가
이 싱싱한 바다가 안주라니까
자자, 오이소, 보이소, 사이소
밤마다 사살쥐가 되어버리는 자갈치

다시 한 번 간혹,

서른과 마흔 사이가 되었을 때 간혹
다른 여자와 다른 섹스를 할 때 간혹
외롭다거나 부끄럽지 않을 때 간혹
소설처럼 아니면 시인일 때 간혹
시와 나 사이일 때 간혹
추억과 기억이 다르게 뜨거울 때 간혹
아주 정중하게 다소 당황스러울 때 간혹
폭음과 비슷하게 폭식일 때 간혹
사랑스럽지 않거나 키스를 할 때 간혹
별과 바람과 보름달이 떨어질 때 간혹
억척스럽게 그렇게 열정적일 때 간혹
불타는 불혹과 유혹이 없었을 때 간혹
능소화가 벽을 타고 담을 넘어갈 때 간혹
돼지처럼 우물과 사랑에 빠졌을 때 간혹
섹스를 하다가 졸다가 잠꼬대를 할 때 간혹
그게 기다림의 연속이라는 사실에 간혹

독수리오형제 탈출기

눈을 뜨면 온통 파란 물감이다
손에 잡힐 듯해서 한껏 겁먹은 얼굴이다
발걸음은 추리소설처럼 뒤죽박죽이다
우주를 등진 바위들이 송곳처럼 향해 있다
뒤를 보고 가야한다
할미꽃처럼 덕지덕지 절벽에 매달려 있다
아차하면 우주별이 되고 만다
십이 계단이 삼보 일배하듯 아슬하다
밧줄 하나가 다른 세상과 씨름중이다
이승의 끈이 악연처럼 질기다
밧줄에서 밧줄이 동맥처럼 질기다
연분홍치마가 잠시 휘날린다
바닥을 타고 하늘색이 노랗다
못다 했던 낮잠이나 실컷 잤으면
순간, 지니야, 정신줄을 놓는다
파리 목숨처럼 한순간인 것을
세상과 절교한 그곳,
세상을 버린 그곳, 파리봉

화요일 또는 월요일

그는 죽었고 작년에 죽었고 내년에 죽었다
그런 그는 난데없이 전화기에 대고 고함을 쳤고
수첩에 없던 이름이었고 목소리에서 죽었다
난생 처음 먹어본다며 간장소스를 듬뿍 칠한
그는 입술을 다시며 죽었다
그런 그는 전화기에서 죽었다
그는 수첩에서 찾던 점심메뉴에서 죽었다
화요일 같은 월요일에서 그런 그는 죽었다
술집에 박힌 그는 지진에 죽었고
그날 적었던 수첩에서 그런 그는 죽었다
바람 잘 날 없다던 소나무는 전화기 옆에서 죽었고
생각하는 로댕처럼 그는 자신을 후회하다 죽었다
엄마 얼굴을 닮은 누이처럼 그런 그는 죽었다
초읽기에 들어간 기사처럼 그는
술독을 분해하는 화요일처럼 그런 그는
물수제비를 뜨듯 그런 그는, 그처럼 죽었다

이보다 완벽한 문장은 없었다

당신 사이에 언어가 없었던 때가 있었고
침묵이라던 금은 그 말처럼 당신은 있었고
속을 알 수 없었던 당신을 사랑했던 적이 있었고
미인은 손가락이 길다는 속설을 믿은 적이 있었고
당신과 있으면 언어가 다른 침묵에서 있었고
당신의 호흡에서 당신의 언어를 느낄 수 있었고
당신이 당신 속에 당신처럼 있었고
어느 바닷가에 있던 초가집에서 당신은 있었고
물때를 놓친 어부가 달빛을 낚은 날처럼 있었고
포장마차에서 오가던 막다른 사랑에서 있었고
마지막 영정사진에서 웃던 친구처럼 있었고
하늘에 떠다니던 새빨간 거짓말에서 당신은 있었고
당신은 참, 이상하다는 말처럼 당신은 당신처럼 있었고

이 시집은 시가 아니다

누구는 가슴에서 시를 쓴다고 했다
누구는 머리에서 시를 쓴다고 했다
무대 울렁증 때문에 시를 쓴다고 했다
동이 트는 시간에서 시를 쓴다고 했다
누구는 누구처럼
너는 내 운명이라며 운명을 믿느냐고 했다
여전히 가슴에서 시를 쓴다고 했다
누구는 시를 읽다가 바람을 맞았다고 했다
누구는 시를 읽다가 가끔은, 이런 생각을 했다
그러다가 비가 그치면 내 운명을 찾고 싶다 했다
나는 詩詩각각 결말이 없는 시를 찾다가
다시 겨울이 오면
나는 운명처럼 내 시를 쓰고 싶다 했다
다시 그 겨울이 오면
다시 그 겨울이 찾아오면
나는,

□ 해설

악극적 자아와 유령적 타자 사이의 암전

정진경 / 시인

악극적 자아와 유령적 타자 사이의 암전

정진경 / 시인

현대는 다양한 인격을 가진 얼굴을 갖고 있다. 인류가 만든 문명적 질서와 거대한 사회체제는 자연의 민낯을 외면하고, 우리는 수많은 상징체계에 갇혀 산다. 시의 미학 또한 날것의 감정보다는 상징화와 해체로 나아가면서 가면적 자아나 다중화된 인격이 많이 등장한다. 이것은 시대의 문화가 장르와 장르를 융합하는 하이브리드 현상으로 나아가고, 가상공간이 현실의 일부가 되어가는 세계의 복잡한 구조와 무관하지 않다. 세계가 복잡해지는 만큼 여러 개의 정체성으로 분열되는 우리의 존재성은 술래잡기 하듯 숨어 있고, 비가시적인 타자에 대한 의혹은 누군가와 쉽게 소통을 하지 못하는 요인이 된다.

서화성이 이번에 낸 시집에도 이런 소통의 문제가 화두로 자리하고 있다. 그가 형상화하고 있는 시적 자아나 시적 주체들은 소통불능을 겪고 있는데, 흥미로운 것은 시집 전체를 관통하는 일관된 의식이 다른 형식이라는 그릇에 세팅이 되면서 의미가 확장되고 변형된다는 점이다. 고통스러운 현실에 직면해서 드러내는 날것의 감정과 현실을 이성적으로 가공하는 의식 등을 실험적인 시적 형식에 담는다. 날것의 감정과 희곡 형식, 어두운 현실과 서술적 화법, 그리고 가면적 인격과 소외기법 등 시적 정서와 연극 장르의 융합이라는 파격적인 시적 형식을 전략으로 삼고 있다.

이렇게 한 시집 안에서 모색하는 다양한 시적 형식의 의미는 무엇일까? 시인의 의도적 배치일까? 시적 세계를 변화하는 과정에서 생긴 자연스러운 공존일까? 그것에 대한 해명은 시인의 몫이겠지만 시를 읽는 독자로서는 이런 형식의 동시 공존이 창출해내는 의미가 흥미롭게 다가온다. 시적 정서와 시적 형식이 묘하게 어우러져 시너지 효과를 내고 있는 이번 시집에 나온 시들을 순차적으로 한번 살펴보기로 하자.

1막: 소통욕망의 심리적 장치, 악극 형식

이번 시집에서 보이는 가장 큰 내용적 특징은 소

통불능의 의식이다. 그것이 어떤 현실과 형식을 차용했건 전체적인 큰 맥락에는 소통불능이 내재되어 있다. 소통은 행복하게 사는 요건 중 하나라 할 수 있다. 인간은 홀로 살아가는 존재가 아니라 누군가와 소통을 하는 존재인 만큼 원활하지 않은 심리적 관계는 마음에 상흔을 남긴다. 불편이 지속되면 고통이 되고, 그 고통은 쉽게 지워지지 않는 심리적인 낙인烙印, 트라우마로 남게 된다. 어려운 현실에 직면하면 삐죽삐죽 솟아나는 주머니 속 송곳, 그것이 시에서 보이는 소통불능의 정서이다.

서화성은 소통불능에 대한 트라우마를 주로 가족사와 관련된 시에서 드러낸다. 정신분석학의 측면에서 볼 때 억압한 것에는 그와 반대되는 것이 내재되어 있다. 이런 역설적 심리를 서화성은 내용이 아닌 형식을 통해서 보여주고 있는데 그것이 연극적 요소를 시에 차용한 것이다. 소통불능의 정서를 희곡 형식에 담아 소통하고자 하는 욕망을 보여주는, 이중적 구조의 이중적 심리 장치를 사용한다.

등장인물

아버지
어머니
아들

무대

초가집, 마당이 있으며 사립문이 반쯤 열려있다.

추운겨울, 방안

바람이 분다. 며칠째 아들은 잠을 자지 못한다. 아들을 지키는 어머니, 이틀째 자장가다. 한쪽에 우두커니 밥상이 있다. 김이 빠진 고봉밥과 식어버린 된장국, 김치가 전부다. 온통 방안이 김치냄새와 된장냄새지만 맡을 수가 없다. 그저 한숨과 눈물과 기침소리뿐,

어머니 자장자장 우리 아가,

자장가에 아들은 눈물을 흘린다. 이틀째 눈물이다. 이틀 동안 눈이 그치지 않는다. 어느새 마당은 고봉밥처럼 눈이 쌓인다. 아버지는 어떻게 읍내로 갔는지 모른다. 이게 전부 내 탓이다, 며 어머니는 눈물을 흘린다. 아들은 갈수록 기침소리가 메마르고 갈라진다.

…(중략)…

어머니 이 영감탱이가, 아가 죽게 생겼는데
아들 난 괜찮타, 엄……마……

자전거 벨소리가 들리다만다. 그 소리에 문을 여는 어머니. 눈보라 때문에 앞이 안 보인다. 어머니는 몇 번이나 불러보지만 아버지는 소리를 듣지 못한다. 아버지는 넘어진 자전거를 세우려하지만 힘이 부친다 달이 뜬다. 어머니는 지쳐서 그만 잠이 든 아들에게 자장가를 불러준다.

어머니 자장자장 우리 아가,

눈사람이 되어버린 아버지. 암전

-「알약을 먹다」 부분

남편 당신, 김치 맛은

아버지가 배를 탄 후, 하늘을 쳐다보는 날이 많아졌다.
그해 김장은 이전처럼 맛이 나지 않았으며 말수가 줄어들었다.
운동장 열 두 바퀴는 손바닥만큼 작았다.
가마솥을 목욕탕처럼 말한 적이 있었다.
당신 손에서 김치 냄새가 있었으며 된장찌개가 끓고 있었다.

나 엄마, 다음 주에

봄을 기다리는 매화처럼 당신은 그 말을 믿었다.
고목나무처럼 말라가는 당신 때문에 잠을 자지 못했다.

나 이렇게 누워 있으면 어떻게 하노, 얼른

당신은 그 말이 무슨 뜻이냐며 웃기만 하였다.

나 아들 이름 한 번만,

당신은 그 말이 무슨 뜻이냐며 계속 웃기만 하였다.
오래된 농담처럼,

-「꼭꼭 숨어라, 저승꽃 2」 부분

서화성은 가족 간 소통불능의 상황을 희곡이라는 틀에 넣어 형상화한다. 시에서 시적 주체들은 시인의 과거와 현재의 상황에서 의도하지 않은 소통의 단절을 겪고 있다. 가족의 구심점인 아버지는 늘 집이 아닌 외부에 존재한다. 정신적 구심점이자 안식처로서의 아버지 부재는 가족 간의 소통불능을 낳고, 심리적 나비효과는 가족 내의 소통불능으로 이어진다. 아버지에 대한 그리움에 젖어 있는 어머니에게 건네는 '나'의 말은 언제나 쓸쓸한 웃음으로 되돌아온다. 심리적인 여유가 없는 어머니가 무심코 한 행동은 아들과 어머니 사이를 단절시킨다. 따라서 심리적 소외로 인해 가족 개개인은 고립감과 우울한 파토스적인 감정에 빠지게 된다.

이런 심리적 현실을 상징화한 것이 "암전"이라는 표현이다. 늘 조명을 기다리는 "암전"은 다음 무대를 준비하는 시간이라는 점에서 영원한 절망은 아니지만 반복적 암전은 다음 상황이 전개되지 않을 거라는 심리적 불안을 만든다. 때문에 그것을 해소하자는 심리가 동시에 공존한다. 하지만 현실에서 욕망이 실현될 가능성은 희박하다. 이럴 때 바라보게 되는 것이 현실 밖에 존재하는 세계인데, 그것이 시가 아닌 다른 예술적 형식이 갖는 특징과 의미를 통해 시적 문제를 해결하려는 시도이다.

서화성은 시에 연극 무대라는 형식의 설정을 통해서, 자신의 과거를 공간적으로 현재화하고, 대사와 행동, 해설 등의 방법으로 독자와 소통을 하는 방식을 취한다. 희곡은 무대 상연을 목적으로 하는 장르라서 소통의 방법이 시보다는 개방적이다. 누군가에게 소통불능의 나를 능동적으로 보여주고, 상대가 알아주기를 바라는 심리적 장치로 사용한 새로운 시적 화법이다.

그런데 흥미로운 곳은 이 시적 화법에서 악극적 정서가 느껴진다는 것이다. 악극(樂劇, Musik-drama)은 가창 중심으로 전개되는 오페라에 대한 비판과 반성으로 발생한 음악극의 한 형식이다. 음악적 요소에 문학적 요소와 연극적 요소를 결합한 것으로, 우리나라에서는 힘들고 어려운 시대에 많이 번성하였다. 여러 장르의 융합이라는 진보적인 형식인데도 불구하고 주제나 정서가 인간이 가지고 있는 본래적인 감정, 즉 가식적이지 않은 날것의 감정을 주로 표현하거나 자극했기 때문에 가장 민중적 정서를 소통하는 장르로 인식되고 있다. 가공하지 않는 인간적인 정서로 시대적 불행과 민중의 고통을 대변해주는 심리적 카타르시스 역할을 한 장르이다. 서화성 시 또한 악극이 가지고 있는 시와 연극, 날것의 정서가 융합되어 민중적인 정서를 유발한다. 본능적 감정 중에도 한과 같은 그런 정서가 담겨 있다. 연극적인 요소의 대사와 해설을 통해 보여주는 위 시들은 시 장르의 본질이라 할 수 있는 언어미학과 음악성 그리고 무대를 보는 듯한 연극적 요소와 진솔한 감정이 민낯을 드러내면서 악극적 정서를 유발하고 있다. 실험적인 희곡 형식에 날 것의 시적 정서가 융합되어 만들어진 시너지 효과라 할 수 있다.

새로운 시적 형식이면서 소통욕망을 드러내는 심리적 장치로 사용한 희곡 형식은 사회적으로 소외된 이들을 형상화하는 시에서는 감정을 약간 가공한 상태로 형상화 된다.

> 헉헉대는 병실에서 열흘째 혼자다.
> 바람이 손님처럼 들어온다. 그마저도,
> 10원을 거리에 버렸다. 아무도 돌이보는 사람이 없다.
> 구둣방 박씨는 땅거미처럼 일찍 찾아온다.
> 그림자처럼 등가죽이 말라있었다.
>
> **박씨** 아직 해가 떨어질 시간이 멀었는데
>
> …(중략)…
>
> **박씨** 바람은 사라지는 속도와 방향을 모르지
>
> 한나절 더위에 깜박거렸던 신호등,
> 69번 버스정류장에 울리는 종소리에서
> 10년 전 그때처럼, 박씨는 의자에 앉아 있었다.
> 어느새 가로등은 새 옷을 입는다.
> 시커먼 도회지가 온통 하얗게 변해버린 그곳,
> 도시의 거리, 담배를 피운다.
> 장마처럼 비가 내리기 시작했다.
> 뜬눈으로 보냈던 어느 고갯길 여름밤을 지나
> 연기가 되어버린 박씨,

– 「구둣방 박씨」 부분

이 시는 가족사를 형상화한 시와 같이 희곡 형식을 차용하고 있다. 그런데 이 시에서 연극적 언어는 날것의 감정에서 벗어나 좀 더 상징화되어 있다. 대상에 대해 객관적 시선을 가진 이 시는 시적 세계의 확대 가능성을 보여주는 시라고 할 수 있다. 소통을 하지 못하는 시적 주체라는 점에서는 가족사의 시들과 동일하지만 언어가 좀 더 미학적으로 가공되었다는 점에서 날것의 감정과는 변별되고 있다. 언어의 미학적 가공은 정서의 미학적 가공으로 이어지기 때문에 시를 읽는 독자들에게 전달되는 공감력이나 심미적 차이로 이어진다.

〈AI〉라는 영화의 대사 중 "인간은 예술을 통해서 삶의 의미를 찾는 존재"라는 말이 있다. 이 대사는 심미적 가치의 중요성을 말하는 것으로, 인간이 살아가는 이유 중 하나가 예술적 가치관이라고 말하는 것이다. 인간이 동물과 다른 것은 감정을 정화하고, 통제하고, 승화하여 심미적으로 즐길 줄 알기 때문이다. 누군가는 "인간과 짐승의 경계가 해학과 풍자"라고 했다. 불행과 고통을 직접적으로 내뱉지 않고, 승화하여 웃음으로 만들 수 있는 존재, 그것이 인간인 것이다. 그런 점에서 시적 언어에 내포되어 있는 미학적 측면은 날것의 언어와는 달리 심미적으로 전달되기 때문에 공감적 파동을 더 많이 일으킨다. 날것의 슬픔보다는 정제된 슬픔이 더 오랫동안 심금을 울리고, 오랫동안 진동을 갖고 있기 때문에 시인들이 언어를 탁마하려고 애를 쓰고 있는 게 아닐까?

고통이나 불행을 전제로 하는 감정이 본능에 가까울수록 사회화가 덜 된 것이라 할 수 있다. 처절한 고통이나 슬픔 앞에서 가공적인 표정이나 말을 사용할 사람은 거의 없을 것이다. 가장 신파적일 때 심리적 카타르시스 효과는 크다. 아무런 눈치도 보지 않고 펑펑 쏟아내는 울음 같은 악극적 정서가 서화성 시에 나타나는 것은 가장 인간적인 방법으로 소통불능의 트라우마를 치유하고 싶었기 때문일 것이다. 내 속에 억압된 고통을 은닉하지 않고 다 쏟아낼 때 마음은 치유가 된다. 심리적 고통을 잊고 타인과 소통될 때 나는 새로운 심리적 전환을 하게 된다. 이런 전환의 시점에 쓴 것이 이 시라고 생각된다. 현실의 정서가 언어미학으로 승화된 상태, 절제된 목소리가 사회적 소외자를 관람하는 독자에게 더 많은 운림음 주며 전달되는 시라고 할 수 있다.

1막과 2막의 막간: 심리적 암전의 현실, 서술적 화법

민낯을 드러내는 심리적 카타르시스에도 불구하고 서화성의 현실적 자아는 여전히 암전 중이다. 시인의 내면에 있는 눈물을 펑펑 쏟아내었는데도 현실은 또 다른 소통불능을 만들고 있다. 어두운 무대에 앉아 조명이 켜지기를 기다리며, 희망하는 세상을 바라보며 하고 싶은 대사를 혼자서 읊고 있다. 귀를 열어 주지 않는 타자에게 하는 말들. 귀를 열어 주지 않는 세상에게 하는 말들. 소통하고자 하는 욕망을 표출하는 또 다른 방식이 현실을 주관적으로 묘사하는 서술적 화법이다.

서화성이 소통하고자 욕망을 또 다른 형식으로 보여주는 것은 현실은 같더라도 생의 상연은 1막과 2막이 어떠한 형태든 다르기 때문이다. 또한 같은 정서적 경험이라 하더라도 시간이 심리적 암전을 변주했기 때문이다. 어린 화자가 성인 화자로 성장하는 가운데 변주된 심리적 암전, 소통불능이 된 남녀를 사물화 관계로 다룬 시들이 이러한 것이라 할 수 있다.

> 나랑 왜 결혼했어, 벽에게 말한다. 한 달째 벙어리다. 말하는 법은 이미 터득했지만 기억에서 말하는 법을 잊어버렸다. 그래도 열시가 지나 내일은 오겠지만 그녀는 없었다. 밤새도록 드라마는 돌고 돌아서 우리는 대화가 필요해, 그녀는 없었다. tv속 그들은 꼬리에 꼬리를 물고 옥신각신하는데 그녀는 없었다. 말랑해진 기억조차 기억하기 싫은지 그녀는 없었다. 이름조차 기억 저 편에 있다는 것을, 그녀는 알았다. 눈길 한번 주지 않았지만 솔직히 말해 봐, 나랑 왜. 비밀은 아는 사람이 많을수록 거짓이 되고 만다. 사랑하긴 하

냐고, 무슨 생각을 하는지 그녀는 알았다. 아침이면 시간을 넘긴다. 쓸쓸하다며 우울증이 살아난다며 노래처럼 반복이다. 어느 밤처럼 낡은 가스등 아래서 소주를 마셨다. 새벽이 오자 별은 떨어지고 돌아가야 할 집을 잃어버렸다. 여전히 대화에서 그녀는 없었다.

–「그림자 부부」 전문

남성 화자의 시선으로 전개되는 위 시에서 남녀는 소통불능으로 인해 사물화의 관계가 되어가고 있다. 화자는 끊임없이 여자와 소통을 하고 싶어 말을 걸지만 가끔은 집에 들어오는 듯한 여자는 몸은 있고 마음은 집에 없다. 마음이 없기 때문에 대답을 하지 않는다. 인간관계에서 가장 잔인한 불통은 무관심. tv 드라마에서처럼 싸움조차 걸어오지 않는 그런 여성을, 화자는 "벽"으로 인식한다. 여성 또한 남성을 유령으로 취급하며 "눈길 한번 주지 않"는다. 남성이나 여성은 서로의 존재를 사물화하고 있는데 생명의 사물화 인식은 상대를 불신하고 있는 심리적 현상이며 그 존재성과 실존적 가치를 인정하지 않는 심리이다.

심리적 암전을 겪는 이런 현실적 자아는 어린 화자와 별반 다르지 않다. 같은 공간에 존재하면서도 귀를 열지 않는 상대에게 끊임없이 말을 걸면서 대답을 듣지 못하는 화자. 두 시를 나란히 놓고 보면 마치 한 인물이 같은 주제로 다른 이야기를 하는 피카레스식 구성을 연상하게 한다. 두 화자에게서 보이는 소통불능의 의식은 마치 연속적으로 상연되는 장편 드라마를 보는 듯 연결되어 떠오른다. 현재의 남녀 간 소통불능을 보여주는 이 시는 가족사 시의 변형된 이미지다. 아버지와 어머니로 표상화되어 있는 과거의 남녀는 환경적 여건에 의해 소통불능을 겪기는 하지만 인간적인 그리움이 내재되어 있다. 환경적 문제가 만든 소통불능이 인간적인 소통불능으로 연결되지는 않았다. 가족의 위기나 해체의 가능성이 보이지 않았기 때문에 서로 간의 심리적 치유가 가능한 상태라 볼 수 있다. 하지만 서로의 존재를 사물로 인식해 버리는 관계는 인간적인 여지가 없기 때문에 관계의 해체가 손쉽게 이루어진다.

그리고 남녀 간의 관계를 해체하는 또 하나의 원인으로 서화성은 시대에 따라 바뀐 남성과 여성의 역할과 태도를 제시한다. 현재로 올수록 능동적인 과거의 남성은 소극적으로, 소극적인 과거의 여성은 능동적으로 변주되어 있다. 성의 역할과 태도 변화는 소통을 단절하는 주체의 변화로 이어진다. 예전에는 불통의 원인이 남성이었다면 현재는 여성이 되기도 한다. 이것은 가정 내 남녀 간의 위치를 보여주는 측면이라 할 수 있는데 여성의 경제적 능력이 커지면서 남녀관계에서도 힘의 구도가 재편성된 것을 보여주고 있다. 말(言)의 힘을 잃은 남성을 통해 그들의 권위가 추락되고, 해체되어 가고 있다는 것을 의미한다.

서화성이 보여준 심리적인 사물화의 관계는 인간과 인간 사이의 관계에서 끝나지 않는다. 인간적인 관계론은 결과론일 뿐, 사실 그 원인은 물질을 추구하는 사회의 구조와 가치관에 있다고 보고 있다. 남성이 가져야 할 능력을 물질화하고 상품화하는 사회를 풍자적으로 보여주며 사회구조와 가치관을 비판하는 것이 아래 시들이다.

> 사장님, 잃은 버린 남자를 찾습니다. 갑자기 수돗물이 나오지 않았어요. 해골처럼 아니 해골이 되었어요. 머리에는 수국이 자라고 있었어요. 고양이 세수도 못했어요. 어서 빨리요. 그래요, 방금 오아시스에 도착할 겁니다. 변기가 변비에 걸렸어요. 소통이 안 되고 있어요. 소통이 필요해요. 여기서 서울은요, 안방처럼 드나드는 세상인 걸요. 탱탱해진 뱃살에 어서요, 어서. 당신의 내장도 말끔하게 리모델링해 드립니다. 부부싸움도 두부 자르듯 뒤끝 없이 도배해 드립니다. 동짓날, 에어컨도 빵빵하게 냉각시키는 것은 기본이구요. 어디선가 무슨 일이 생기면 짜짜짜짜짜짱가, 당신의 짱가입니다. 밤마다 뿔뚝 서는 이런 남자 어디 없나요. 밤이면 다 되는 제발, 이런 남자처럼 어디 없나요. 딸꾹, 전국 어디서나 이런 광고에 속지 마세요. 가입 신청은 1588-4989, 4979 befor and after, befor and after, befor and after
>
> -「남자를 빌려드립니다」 전문

> 경마장을 나서는 얼굴은 땡빛을 달고 말은 달리고

있었다. 그렇게 그을린 얼굴을 본 적이 없었다. 말 달리던 얼굴에서 말은 달리고 있었다. 한방 맞은 얼굴이다. 깡마른 지갑은 찬바람과 비례하며 말은 달리고 있었다. 등수에 밀린 기수처럼 말은 달리고 있었다. 오리무중이다. 삼통일반 막걸리는 우승마처럼 말은 달리고 있었다. 초반부터 속을 비어낸다. 삼천 원짜리 순댓국에 빗물이 떨어지고 말은 달리고 있었다. 무게를 견디지 못했으리라. 천둥처럼 울었으며 말은 달리고 있었다. 때로는 짜다는 것을, 말은 달리고 있었다. 달려, 달려, 사는 게 매워야 하지 않겠어. 여기요, 말은 달리고 있었다. 한 병 더, 달려라 달려. 말은 달리고 있었다. 모이를 기다리는 새처럼 말은 달리고 있었다. 아들 녀석이 방긋 웃는다. 운수좋은 날처럼 마이너행 박찬호선수가 재기에 성공했다는 신문에서 말은 달리고 있었다. 십년 째 넣고 다닌다. 갈지자로 지하철 몇 번 출구인지 몰라도 말은 달리고 있었다. 무슨 그날을 위해 채찍질하듯 말은 달리고 있었다. 한방짜리, 말은 달리고 있었다. 말은 달리고 있었다.

–「쓸쓸한 계절은 항상 경마장에 있었다」 전문

서화성은 현 사회의 남성이 가지는 심리적 방향성을 통해 물질화된 가치관을 비판한다. 사회의 근원적인 토대를 형성하고 있는 자본주의 이데올로기는 남성의 생물학적 능력과 사회학적 능력을 상품화하거나 복권화하고 있다. 이 두 능력을 많이 가진 남성일수록 여성과의 소통이 원활하고, 그 존재감과 실존적 가치가 높아진다는 것을 보여준다.

「남자를 빌려드립니다」라는 시는 남성의 생물학적인 능력을 상품화 한다. "남자"로 상징되어 있는 남성성은 나오지 않는 "수돗물", "변비" 등으로 은유되어 소통불능의 원인으로 표상되고 있다. 생물학적인 능력인 남성성은 여성과 원활하게 소통을 하는 수단이자 남성의 권위를 세우는 힘이다. 여성에게 존재 가치를 인정받고, 권위를 유지하기 위해서는 돈으로라도 그것을 사서 유지하고 싶은 남성들의 마음을 대변한 것이다.

왜 이렇게 남성들이 남성성에 집착하게 되는 걸까? 남성의 권위가 무조건적으로 보장되는 사회에서는 이런 것 자체가 남녀 간의 소통을 방해하는 필연적 요소는 아니었다. 과거 여성이 가지고 있는 순종적 의식은 가부장적 권위를 부정할 생각을 하지 못했기 때문에 외연적인 소통은 이루어졌다. 하지만 남녀의 사회적 지위가 수평화 되면서 무능력한 남성에 대한 여성의 소통거부는 단호하다. 남성성과 물질적 조건, 사회적 지위 등 많은 것을 갖추어야 여성으로부터 인정을 받을 수 있는 현실. 하지만 생물학적인 조건을 변형하여 성적 권위를 세우려는 심리는 여성이라고 해서 다르지 않다. 얼굴과 몸을 성형하는 여성들의 심리 또한 이와 마찬가지다. 생물학적인 남성성의 상품화를 풍자하는 의식에는 남녀관계마저 상품화되어 가는 현실이 반영되어 있다.

이런 물질화된 관계로 인해서 집착하게 되는 것

이 돈이다. 서화성은 「쓸쓸한 계절은 항상 경마장에 있었다」를 통해서 이런 심리가 한탕주의로 이어진다는 것을 보여준다. 일확천금의 기회를 노리는 사람들 "얼굴은 땡빚을 달고 말은 달리고 있었다". "땡빚"은 갚아야 할 부채를 의미한다는 점에서 이들은 자본주의 사회에서 패배한 자들을 메타포한 말이다. 자본주의 사회에서 패배자가 승리자로 전환할 수 있는 것은 물질, 즉 돈뿐이다. 승리자로 전환하고자 하는 심리, 물질적 능력을 통해 사회적 힘과 지위를 쟁취하고자 하는 심리를 상징한 것이 그들의 얼굴에서 "말"이라 할 수 있다. "한방"에 인생을 역전할 수 있는 로또와 같은 행운에 당첨되는 생각은 질주하고 있는데 현실은 등에 부채를 가득 지고 가는 거북이 형상이다. 롤모델로 삼아 주머니에 넣고 다니는 "박찬호 선수"의 재기 기사는 십년 째 그대로다. 타인의 한방은 희망일 뿐, 나의 한방이 되지는 않는다. "한방"의 희망이 난무하는 경마장에 몰려드는 사람은 결국 물질만능과 자본주의 이데올로기에 젖어 피폐해지는 현대인의 자화상이라 할 수 있다. 인간은 가진 욕망을 물질로 해결할 수 있는 사회일수록 물질적 능력이 인간을 절망으로 몰아넣는다는 걸 서화성은 보여준다. "물러 터진 귤처럼 반쯤 속살이 보이는" 경마장에서 "희망이라기보다 해돋이처럼 절망이 먼저" (「희망 부동산」부분)

솟아나는 현실. 반복적인 절망의 횟수만큼 추락하는 인간의 존재감과 실존적 가치. 자신이 사회로부터 소외되어 간다는 생각을 전달하기 위한 가장 쉽게 전달할 수 있는 소통 수단이 서술적 화법이라 할 수 있다.

2막: 다중인격(mulitiple personality)의 유령적 타자, 소외기법

서화성 시에서 어려운 현실로 인한 심리적인 암전은 나의 부정과 더불어 타자나 세계를 부정하는 심리로 이어진다. 소통불능에 대한 의식은 파격적인 행위로 시선을 끄는 부조리극의 양상으로 변주되어 간다. 시적 의미를 쉽게 제시하는 게 아니라, 난해하게 제시하여 관심을 끄는, 비유기적인 문장의 병치나 시적 존재의 유령화나 다중화 방식으로 나아간다. 이러한 것은 연극적 요소가 가진 소외기법인데, 부조리를 통해 관객을 주목하게 하여 부조리를 전달하는 비판적 의식이 담긴 형식이다. 시적 문맥이나 시적 존재들을 파괴하는 형식으로 현실에서 해결되지 않는 소통불능의 문제를 이슈화하려는 것이다. 이러한 방식에는 아무리 노력을 해도 실체가 보이지 않는 현실에 대한 전복의식과 세계질서가 재편성되기를 바라는 욕망이 내재되어 있다.

소통불능의 현실을 유기적인 관계가 없는 문장의

병치와 존재의 소멸화 현상으로 보여주는 시를 한 번 보기로 하자.

> 벌건 대낮에 봄이 사라진 이유, 등을 밀 때마다 지우개라던 당신은 어디에 있나요? 현재 사는 곳은요? 운전은 할 수 있나요? 몸서리치도록 돼지들이 우글거린 로또는 어디서 찾을까요? 주차권은요? 하루살이처럼 한 달치 용돈을 어떻게 하나요? 미래를 족집게처럼 본다던 그곳은 어디에 있을까요? 딱지가 말썽인 그놈 때문이지만 그놈은 어디에 숨었나요? 기억 속 아버지를 찾을 수 있을까요? 집나간 당신은 언제쯤 돌아올까요? 시원하게 등을 밀어줄까요? 벌써부터 배가 고파요? 나는 누군가요? 나를 찾아 주세요? 나는 어디로 사라져 버렸나요? 수면제 같은 너희들 어디로 갔니? 진달래 오오 진달래가 핀다면 봄이 온다던 그 봄은, 도대체 어디로 사라져 갔니?
>
> –「콘칩을 먹으며 생각한다」 전문

이 시는 문장과 문장 간의 유기적 관계를 무시하고 병치되어 있다. 하지만 소멸되어가는 타자의 존재들, 소통불능의 정서를 공통분모로 하면서 의미맥락을 형성하고 있다. 시적 자아가 접촉하면 사라지는 타자의 소멸은 심리적인 소통불능인데 나와 관련 있는 존재는 나와의 접촉으로 인해서 지워지는 "지우개"로 표상된다. 나와 접촉하면 지워지는 타자는 현실에서 내가 이루지 못한 욕망들이다. 그 욕망은 존재와 세계의 관계와 소통일 것이다. 그래서 실체를 보이지 않는 타자는 서화성이 인식하는 인간관계의 실존적 가치이다. 일반적으로 인간 간의 소통은 심리적인 측면에서 존재감과 실존적 가치를 높인다. 때문에 나와의 관계로 존재 자체가 지워지는 것은 존재감과 실존적 가치의 마이너스를 의미하는 것이다. 그럴수록 심리적 공허감으로 인해 방황을 하게 된다. 시적 화자는 여기저기서 타자를 찾아보지만 오히려 이것은 과거 속에 존재하는 인간관계까지 희미하게 한다. 현실로 인한 심리적 부정이 나의 역사를 만든 인간관계까지 회의감이 들도록 만드는 것이다.

인간이 가장 인간다울 수 있는 것은 과거의 존재성을 확인해 주는 '기억'이라는 것이 있기 때문이다. 기억은 과거와 현재를 연결하는 연속성을 갖게 해 주는데, "기억 속 아버지"가 사라진다는 것은 나의 역사가 말살된다는 것을 의미한다. 과거 속에 내가 없으면 현재의 내가 소멸한다는 것을 서화성은 내가 누구인가를 찾는 독백으로 보여준다. 나와 아버지와의 실존적 가치가 소멸하면서 현재의 실존적 가치가 무의미해진다. 타자와의 소통불능이 존재와 시간의 심리적인 죽음으로 이어진 것이다. 병치적 문장과 소통불능의 정서가 융합되면서 나의 존재와 역사를 무화無化시키는 방법을 사용하고 있다.

서화성이 시적 전략으로 사용하는 존재의 무화無化는, 현실의 부조리를 시적 부조리로 인식시킨다는 의도가 있기 때문에 심리적인 죽음 뒤에는 강렬한 신생 욕망이 내재되어 있다. 부활하고자 하는 욕망을 구체화한 것이 시적 주체를 유령화한 것이다.

> 그는 죽었고 작년에 죽었고 내년에 죽었다
> 그런 그는 난데없이 전화기에 대고 고함을 쳤고
> 수첩에 없던 이름이었고 목소리에서 죽었다
> 난생 처음 먹어본다며 간장소스를 듬뿍 칠한
> 그는 입술을 다시며 죽었다
> 그런 그는 전화기에서 죽었다
> 그는 수첩에서 찾던 점심메뉴에서 죽었다
> 화요일 같은 월요일에서 그런 그는 죽었다
> 술집에 박힌 그는 지진에 죽었고
> 그날 적었던 수첩에서 그런 그는 죽었다
>
> –「화요일 또는 월요일」 부분

서화성은 죽었는데도 시적 주체가 느닷없이 출현하는 유령의 존재성으로 타자를 형상화 한다. 유령幽靈은 저승에 살면서 우리가 사는 세상에 특수한 형태로 나타나는 존재이다. 시적 주체는 죽었는데 시·공간을 종횡무진하며 "난데없이 전화기에 대고 고함을 치고" "입술"에서 "수첩에서 찾던 점심 메뉴" 등에서 때로는 청각적으로, 때로는 시각적으로 출현했다가 사라진다. 유령이 나타날 때에 생기는 불가사의 한 현상이 시적 공간과 시간 속에서 생기고 있는 것이다. 유령이 출몰하는 시·공간은 생전에 겪었던 양심의 가책, 두려움, 참혹한 죽음에 대한 공포, 불행이나 한 등과 관련되어 있다는 점에서 시적 주체가 소생했다 사라지는 "전화기" "목소리" "입술" "점심메뉴" "술집" "수첩" 등은 그러한 심리를 메타포 한 이미지라 할 수 있다.

서화성이 유령화 한 이미지들은 주로 소통과 관련이 있다. 전화기나 말을 하는 목소리, 서로를 마주보며 식사를 하는 자리, 술집, 수첩 등은 소통을 할 수 있는 수단이거나 장소이다. 현실에서 심리적으로 사형당한 타자와의 소통, 욕망을 유령적 존재로 형상화 한 것이다.

그런 점에서 서화성 시에서 나를 억압하는 타자는 다른 존재라고 말할 수가 없다. 거시적인 차원에서 심리적 타자는 다른 존재나 어려운 현실이지만 정작 가면적 인격을 쓰고 있는 것은 신의 내면에서 분열된 또 다른 자아라 할 수 있다. 일상에서 느끼는 수많은 절망이 현실에 대한 불신이, 수많은 나의 죽음과 신생으로 상징화된 것은 시적 자아의 내적 갈등을 가면화한 것이라 할 수 있다.

이렇듯 심리적으로 반복되는 죽음은 고통이 영원히 지속되는 시지프스의 형벌이다. 형벌에 대한 도피적 성향, 심리적 방어기제로써 나타난 것이 시적 인격을 다중화 하는 시적 형식이다.

h는 무대에서 종이비행기를 날린다
h는 의자에 앉아서 h라는 시를 읽는다

h는 허무주의자이며 공상주의자다
h는 낮과 밤이 다른 이중적인 여자다
h는 종이비행기를 타고 두 번째 사랑을 한다
h는 바람 끼가 다분한 여자다
h는 겉으로는 순진하다가 발광을 좋아한다
h는 술살이 부풀어 간이 배 밖에 나온 여자다
h는 밤마다 새소리를 내며 앙탈하는 여자다
h는 사랑이 끝나면 국수를 말아 먹는 여자다
h는 그러다가 여배우처럼 눈물을 흘린다
h는 웃음이 반전인 매력적인 여자다
h는 하지만 대칭보다 대조를 좋아하는 여자다
h는 다시 말해 큰방에서 독신을 고집하는 여자다
h는 속살이 매력적이며 밤마다 국수를 좋아한다
h는 부침개보다 찌짐이 어울리는 여자다
h는 국수보다 성감대가 발달한 남자다
그래서 나는 h라고 부른다

－「h」 전문

하나의 시적 주체 속에는 여성과 남성 두 개의 정체성이 내재되어 있다. "여자"이면서 "남자"인 "h"는 하나의 몸에 두 개의 정체성이 들어 있는 다중인격의 주체이다. 정신분석학인 측면에서 볼 때 다중인격의 출현은 고통스러운 현실을 회피하는 심리로, 사고 · 감정 · 기억 등의 정신적 요소들에 대한 통제와 의식적 지각을 상실한 정신분열증이다. 시적 주체인 "h" 또한 두 개의 성 정체성을 가지고 있을 뿐 아니라, "사랑이 끝나면 국수를 말아 먹"다가 "여배우처럼 눈물을 흘"리는 등 감정의 통제가 되지 않는다. "h"는 "낮과 밤" 이중으로 분열되어 있는 "허무주의자" "공상주의자"였다가 "바람 끼가 다분"한 사고를 가진 의식적 주체성이 없는 존재이다.

서화성은 이런 시적 주체를 "h"라고 명명하면서 독자에게 하고 싶었던 전언은 무엇이었을까? 다중인격을 가진 상징화된 존재. 어떤 존재를 대입해도 상관없는 무無개성의 존재. 존재를 일반화함으로써 자신을 상쇄해버리는 전략이라 할 수 있다. 그래서 상징화된 시적 주체는 심리적으로 소멸한 '나' 이면서, 나를 억압하는 '타자' 이고, 세계라 할 수 있다. 어떤 면에서 여러 개의 주체가 섞여 있는 다중적 인격은 한 덩이에 여러 개의 자아가 얽혀 있는 카오스적 자아라 할 수 있다. 카오스적 자아는 나와 타자의 경계가 없는 우주적 자아로 소통의 합일체合一體라고 할 수 있다. 소통, 욕망에 대한 간절한 소망이 반영된 시적 형식이 아닐까 싶다.

현실에서 겪은 악몽을 현실 밖에서 재현하는 것은 트라우마를 주는 주체인 현실이 그것을 수용하지 못할 거라는 심리가 작용한 탓이라고 슬라보예 지젝은 말한다. 서화성이 다른 장르의 형식과 시적 정서의 융합을 통해서 소통불능의 화두를 전달하려고 했던 것은 이와 같은 맥락이라 볼 수 있다. 문장들의 비유기적인 병치나 시적 존재들의 유령화나 다중인격화 등은 시인의 소통욕망을 변형한 심리적 장치라고 할 수 있다.

이렇듯 서화성이 이번 시집에서 시도한 실험적인 형식들은 소통불능을 해소하려는 욕망과 맞물려 있다. 과거에 소통불능의 트라우마는 어려운 현실로 인해서 성인이 되어서도 해소되지 않았고, 그로 인해 나와 타자, 세계에 대한 부정의식을 갖게 되었다. 이것은 어두운 현실로 인한 반복적인 절망이 만들어낸 서화성의 심리적 암전으로, 시인으로서 현실의 존재감과 실존적 가치를 탐색할 수밖에 없는 요인이기도 하다. 또한 나아가 타자와 쉽게 소통할 수 없는 존재들. 세계에서 사회적 소외자로 사는 이들을 주목해주기를 바라는 염원이 담겨 있다.

이러한 염원과 소통, 욕망을 강하게 드러낸 심리적 장치가 실험적인 시적 형식이다. 희곡 형식, 서술적 화법, 소외기법 등을 통해 같은 시적 의식을 다른 방식으로 전달하는 실험을 시도 하였다. 시적 정서를 형상화하는 데에 있어 차용한 다른 장르의 형식은 시너지 효과를 높여 폭넓은 의미를 창출하는 데에 기여를 했다. 다른 모양의 그릇에 정서를 달리 세팅함으로써 다른 효과를 얻고 있다. 이것이 이번 시집의 시적 성과인 동시에 의미라 할 수 있다. 하지만 형식적인 실험의 다양성과는 달리 시안詩眼이나 시적 정서가 시인의 내부에 많이 머물러 있다. 이것은 그동안 서화성이 너무 소통불능의 문제에 전착했기 때문일 것이다. 시가 치유적 기능을 갖는 만큼 이번 시집이 시인의 정신을 튼튼하고, 건강하게 했으리라 본다. 현실은 불행하더라도 시를 쓰는 시인은 불행하지 않기 때문에, 시라는 지렛대가 그를 세상으로 훨훨 날게 해 줄 것이다. 움츠렸던 날개를 펴고 당당하게 세상으로 나아가는 그의 시적 여정, 세상과 시원하게 소통하는 그의 다음 시집을 기대해 본다.

언제나 타인처럼

시와사상 시인선 27

찍은날 | 2016년 12월 10일
펴낸날 | 2016년 12월 15일

지은이 | 서화성
발행인 | 김경수
펴낸곳 | 시와사상사
부산광역시 금정구 부곡동 325-36번지
전화 : 051-512-4142
팩스 : 051-581-4143
E-mail : sisasang94@naver.com
http://www.sisasang.co.kr

등록번호 | 제05-11-7호
등록일자 | 2005년 7월 18일

인쇄처 | 도서출판 세리윤

값 9,000원

ISBN 978-89-94203-20-1 04810
978-89-958264-1-6 (세트)

• 본 도서는 2016년 부산문화재단 지역문화예술육성지원사업의 일부지원으로 시행됩니다
• 이 도서의 국립중앙도서관 출판예정도서목록(CIP)은 서지정보유통지원시스템 홈페이지(http://seoji.nl.go.kr)와 국가자료공동목록시스템(http://www.nl.go.kr/kolisnet)에서 이용하실 수 있습니다. (CIP제어번호 : CIP2016029936)